Efecto Radio-Antena

****

Sintonizando Nuestras Energías Física, Mental y Espiritual

por Patricia Gaviria

Moviendo Energías

© **PATRICIA GAVIRIA**
© **MOVIENDO ENERGÍAS / MOVING ENERGIES**

"Efecto Radio-Antena... Sintonizando Nuestras Energías Física, Mental & Espiritual"

Tercera Edición Impresa 2022 (Editada)
ISBN: 978-0-9910997-9-5
Library of Congress Control Number: 2020912423
Publicado por Moviendo Energías / Moving Energies
Wellington, Florida - Estados Unidos de América
movingenergies@live.com

Diseño de Cubierta, Diagramación e Ilustraciones: Patricia Gaviria
Primera Edición Impresa 2016

NOTAS AL LECTOR:
- El tema presentado en esta obra no se basa en pruebas científicas ni posee un enfoque en el campo de la Medicina o Psicología, más bien es una conceptualización subjetiva, sustentada en la experiencia personal de la autora. Cualquier condición que requiera tratamiento profesional o consumo de medicamentos, por parte del lector, no debe ser suspendida. La autora y editorial no se responsabilizan por ninguna acción que la persona realice después de haber leído el contenido de este texto.
- Algún material de los libros de Patricia Gaviria es transcrito de unos en otros. Esto lo hace ella con el objetivo de enfatizar conceptos que considera de suma importancia, además de darle a los lectores diferentes escenarios para que puedan tener una perspectiva más amplia de las ideas expuestas.

CONTENIDO

*Querido Lector
*Introducción

Querido Lector

Quizás, durante más momentos de los que quisieras, te sientes como un ser ajeno a este mundo, tratando de identificar la real esencia de tu ser.

Quizás, cuando luchas por mantener una posición firme, te percibes como un *barquito,* flotando a la deriva en un mar inmenso, que te arrastra con sus fuertes corrientes hacia direcciones desconocidas.

Quizás, buscas respuestas a tantas preguntas acerca de la vida, pero pareciera que nada de lo que escuchas tiene completa lógica para asumirlo como verdad.

Pero, si albergas el deseo profundo de reconstruir tu identidad, procurarte una estabilidad emocional y entender un sentido más amplio de la existencia, entonces… de seguro… la lectura de este libro te permita encontrar las herramientas para lograrlo.

Introducción

Hoy recuerdo el tiempo de mi niñez, cuando, todas las mañanas, mi querida madre se dirigía al aparato de radio, ubicado en el corredor que bordeaba las habitaciones de nuestra casa. Ella buscaba la emisora que transmitía la música romántica de la época, y mientras cantaba todas las canciones en voz alta, que tenía memorizadas palabra por palabra, nos apuraba a mis hermanos y a mí para que no perdiéramos el bus del colegio.

Al pasar al salón del comedor, donde el desayuno estaba listo, recuerdo que sonaba otro tipo de música. Muy temprano, antes de empezar las labores del día, la empleada de servicio sintonizaba el pequeño radio que mantenía en la cocina. Igualmente, ella cantaba en voz alta sus tonadas preferidas, y las repetía tantas veces, que ya todos las teníamos grabadas en nuestras mentes.

Yo observaba con detenimiento aquellos radiorreceptores que para ese entonces eran lo último en tecnología. Me asombraba pensar cómo, aparatos tan pequeños y poco complicados de manejar, podían transmitir una gama de emisiones tan amplia, enviadas a través del espacio aéreo. Solo era cambiar la frecuencia entre las emisoras de música, noticias, deportes, novelas y otras, e inmediatamente el sonido nítido llegaba desde "quién sabe dónde" a deleitar cualquiera de nuestros gustos.

Así mismo, me llamaba la atención cómo el sonido de la música se distorsionaba y eventualmente se perdía bajo un ruido lluvioso, cuando movíamos, *manualmente*, la frecuencia del radio de una emisora a otra. Algo que las generaciones modernas les puede sonar bastante extraño, pues los nuevos artefactos de radio poseen un "escáner" –dispositivo que sintoniza automáticamente las emisoras, sin pasar por ese campo intermedio de *estática* que se interpone en medio de ellas.

Pero más que todo, fue una maravilla ver el avance, a pasos agigantados, de los sistemas de comunicación. En menos de cuarenta años fuimos testigos de las nuevas tecnologías que llegaban al mercado, como tocadiscos, televisores, grabadoras de casete y CD, computadores, i-pods, i-pads, teléfonos celulares, radio por internet y cantidades de otras innovaciones que van más allá de la imaginación. Es más, nunca pensé vivir en la época donde se han logrado transmisiones directas con transportes interestelares, bases espaciales y robots que viajan a distantes planetas.

Y cómo no maravillarnos ante tantos adelantos. Cómo no sentirnos orgullosos de ver la evolución social de nuestra especie, al menos en el campo de la comunicación. Se han desvanecido las fronteras mundiales, y la información está disponible para todos, no importando nacionalidad, lenguaje, raza o género. Podemos comunicarnos con cualquier persona, a cualquier hora y en cualquier lugar, sin importar la distancia. Tenemos acceso a infinidad de temas y poseemos la libertad de expresar nuestros pensamientos y opiniones con el mundo entero.

Sí, definitivamente, todo eso es digno de admiración y asombro.

Pero resulta que nos hemos dejado deslumbrar tanto por estos avances, que, casi siempre, olvidamos prestar la atención necesaria a los elementos más importantes para nuestra propia evolución. Los elementos básicos para mantener el bienestar de nuestro planeta… para que las sociedades se desarrollen… para que la información siga transmitiéndose y la tecnología progrese… para que las emociones, la creatividad y la vida sigan dando frutos.

Esos elementos somos los *"Seres Humanos"*.

En el año 2022, la población mundial fue estimada en casi 8 billones de habitantes. Es tan usual ver seres humanos alrededor, reproduciéndose de una forma tan rápida y natural, que nuestra existencia se ha vuelto algo trivial. Y como estamos enfrascados de lleno en los modos que supuestamente aseguran la sobrevivencia, casi siempre, se nos olvida indagar más allá, para conocer la verdad de nuestra naturaleza.

Pues bien, con este libro y mi "Postulado de Efecto Radio-Antena o Bio-Antena" deseo exponer conceptos que saquen a luz esa verdad básica.

Explicar cómo un hecho tan común, y relativamente sencillo, como el funcionamiento de un radio, es uno de los componentes claves para entender la esencia real de la especie humana. Cómo somos individuos de energía electromagnética, funcionando como unas "antenas biológicas" de alta tecnología, que voluntariamente logran conectarse o desconectarse de las Corrientes Universales Primarias. Cómo, cuando nuestras tres energías están en sintonía, por efecto, experimentamos salud física, buen funcionamiento mental y emociones positivas. Sin embargo, cuando alguna de estas tres energías, o todas juntas, se salen de sintonización, nuestro cuerpo se enferma, la mente pierde capacidad de aprendizaje y entendimiento, y las emociones se tornan negativas.

Además, nombrar las diferentes herramientas que tenemos disponibles para sintonizar nuestro cuerpo, mente y espíritu, de una forma natural, entretenida y efectiva. Y cómo la ecualización y alineación energética, nos aseguran una vida de plenitud y bienestar general.

¿Y de qué modo llegué yo a saber todo ésto? Debo ser sincera al decir que no fue a través de métodos tradicionales de estudio. Más bien, fue al combinar mi propia experiencia, por más de cuarenta años de vida, algunas investigaciones particulares y, principalmente, el conocimiento adquirido mediante "aprendizaje intuitivo" cuando me conecto con la *Mente Cósmica o Universal*. Todos estos componentes juntos, me han brindado no solo una perspectiva de la vida mucho más clara, y llevado a tener una transformación personal milagrosa, sino también a trabajar con la gente y ver los mismos grandes resultados.

Desde muy temprana edad, me sentí como viajando en una "montaña rusa", con subidas, bajadas y cambios de dirección bruscos en mi parte física, mental y emocional. Lo que me llevo, por muchísimos años, a estar sumida en un mundo de mala salud, baja auto-estima, Depresión y fracasos constantes.

Obsesionada por encontrar soluciones, estudié extensamente los campos de la medicina, psicología, religión, metafísica, filosofía y otros, pero nunca me llevaron a un entendimiento completamente lógico ni mucho menos a tener resultados decisivos. Así, desilusionada y sin esperanzas, me fui en contra del instinto más fuerte que tiene el ser humano de sobrevivencia, y traté de quitarme la vida en varias ocasiones.

Pero afortunadamente, el universo nunca nos abandona, y, en cierto momento, la *energía divina* salió al rescate. Esa "guía o vocecita interna" me mostró un concepto nuevo acerca de mi ser y mis habilidades, y, paso a paso, me dirigió para reconectarme con las corrientes creadoras del universo, las cuales juegan un papel crucial en nuestro desarrollo como seres evolutivos.

Después de un gran cambio personal, en donde logré sanar mi cuerpo, reprogramar mi mente y emociones a positivo y de elevar mi espíritu a niveles más altos, mi existencia se convirtió en un viaje placentero. Y aunque todo este proceso tomó un tiempo prudencial, al final no solo me convirtió en una creyente de los poderes y las ayudas que nos brinda el universo, para que recuperemos nuestro verdadero destino, sino que también me convirtió en un *testimonio vivo* de ello.

Debo aclarar que este libro no expone exactamente la historia de mi vida –la cual es contada a fondo en mi libro "Recuperando mi Cuerpo, mi Mente y mi Espíritu"(*) – pero sí retoma los *conceptos* que fueron la base de mi cambio, y hoy continúan siendo el mecanismo de apoyo, para mantener todos los aspectos de mi vida equilibrados.

Esos conceptos que te darán a ti, mi querido lector, una perspectiva refrescante para entender tu potencial real, las herramientas naturales que ayudarán a sintonizar tus energías física, mental y espiritual, además de las maravillas celestiales que están reservadas exclusivamente para ti en el trayecto de tu existencia.

Hoy en día, la música de mi infancia todavía susurra en mis oídos. Esas melodías, transmitidas a través de un sencillo aparato de radio, que fueron capaces de vincular a toda mi familia, alentar nuestros sueños y recuerdos, y estimular la parte más profunda de nuestros corazones.

Entonces, si *tú*, como yo, quieres ser consciente de tu propia resonancia. Mantenerte en conexión con los magníficos ritmos de la orquesta cósmica. Escribir la letra de tu canción de vida. Y experimentar, de primera mano, la luz reparadora que irradia Dios constantemente, te invito a que sintonices tu energía… sintonices tu radio.

-Patricia Gaviria

(*) Más información del libro Recuperando mi Cuerpo, mi Mente y mi Espíritu -por Patricia Gaviria- en:
www.amazon.com/author/patriciagaviria
www.gaviriapatricia.blogspot.com

I
Nuestra Naturaleza Humana

¡El ser humano! Algo complejo, asombroso y eficiente. El organismo más avanzado de todo nuestro planeta, y el único capaz de mantener el desarrollo y balance de éste.

Casi siempre cuando hablo de lo especial que es la especie humana, muchas personas me miran con ojos inquisitivos y me preguntan en qué mundo vivo.

Y no puedo negar que es difícil aceptar ideas positivas cuando estamos rodeados de tantos aspectos negativos: enfermedades, miseria, dolor, odio, injusticias, violencia, anomalías genéticas y mucho más. Que cuando tratamos de encontrar respuestas a algunas preguntas como: ¿Quiénes somos? ¿De dónde venimos y hacia dónde vamos? ¿Cuál es el papel que representamos en el engranaje de la Creación? o ¿Por qué debemos enfrentar tanto sufrimiento? generalmente nos encontramos con filosofías poco lógicas y respuestas que no acaban de saciar nuestra noble ignorancia.

No... no puedo negar que, aunque luchamos arduamente por mantenernos a flote, seguimos rodeados de un mundo tormentoso que generalmente nos ahoga. Sin embargo, si analizamos un poco más, menos podemos ignorar algunos hechos maravillosos:

- *¡El Ser Humano No Es un Accidente de la Naturaleza!* Como parte integral de un majestuoso plan universal, la "semilla de vida" fue implantada en nuestro planeta, y ha estado evolucionando biológicamente por más de un millón de años.

- *¡El Ser Humano Es Incomparable!* Fuimos óptimamente diseñados para adaptarnos y sobrevivir a los desafíos de la existencia. Siendo los organismos con más altas capacidades físicas, intelectuales, emocionales y morales entre todos los seres vivos de nuestro mundo.

- *¡El Ser Humano Es Energía!* Funcionamos como campos electromagnéticos o antenas biológicas interconectados con el universo en maneras a veces inexplicables, pero otorgándonos el privilegio de captar información *personalizada* que asegura nuestro desarrollo y bienestar general.

- *¡El Ser Humano Es un Híbrido!* Estamos formados por tres fuentes universales primarias: Energía Material, Energía Mental y Energía

Espiritual. Las cuales dan origen a un cuerpo físico que nos permite interactuar con el medio ambiente y sentir una incontable gama de sensaciones; a una mente habilitada para entender nuestra realidad a través de ideas, además de producir las emociones; y a un espíritu, unido con la fuerza creadora, que nos incita a aprender y evolucionar mientras continuamos el camino hacia la perfección.

- *¡El Ser Humano Es Libre!* Tenemos completa libertad de escoger conectarnos o desconectarnos con las fuentes de vida. Y este *Libre Albedrio* está salvaguardado, gracias al respeto sagrado del universo de no interferir –para bien– si no le damos nuestro consentimiento honesto y consciente.

- *¡El Ser Humano es de Naturaleza Divina!* Todas las características de la Energía Creadora, las cuales son netamente positivas, están inscritas en cada una de las células que nos conforman. Y cuando vibramos en la misma frecuencia de esta energía universal, manifestamos toda su misma esencia de armonía, ritmo, belleza, efectividad y bienestar.

Sé que te puedes estar preguntando, querido lector, ¿Si todos estos hechos del ser humano son ciertos, por qué vivimos en un mundo tan revolucionado? Y yo te digo, que estamos viviendo en un mundo tan revolucionado, debido a otros hechos innegables, tales como:

- *¡La Mayoría de Conceptos Acerca de la Vida Han Sido Malinterpretados!* Miles y miles de años de eventos adversos en la historia de nuestro planeta han llevado a mezclar ideas correctas con demasiadas ideas erróneas. Y esta pesada carga ha dado cimientos extremadamente débiles para la construcción de las estructuras sociales, educativas, religiosas, económicas y de salud, generación tras generación.

- *¡La Mayoría de los Hábitos de Vida Son Inapropiados!* Como consecuencia de tener conceptos distorsionados, hemos creado prácticas diarias inadecuadas que, como efecto lógico, producen cuerpos enfermos, mentes incapaces, emociones destructivas y situaciones frustrantes.

- *¡Una Constante Desconexión con la Energía Creadora!* Con tantos hábitos del vivir inapropiados, la comunicación que cada ser humano debe tener con las Fuentes Universales Primarias se ve interrumpida. Como efecto, distorsionamos el entendimiento de quiénes somos en realidad y de las capacidades innatas que tenemos para lograr un desarrollo exitoso tanto personal, como comunitario. Además, nos inhabilita para usar correctamente las herramientas naturales de ayuda que libremente nos ofrece el universo.

- *¡Falta de Fe!* Cuando la conexión con la esencia divina se rompe, se apodera de nosotros una sensación de abandono, soledad e ineptitud. Nos sentimos victimas del mundo, incapaces de cambiar las adversidades, y siempre estamos buscando a quién echarle la culpa de nuestros infortunios. No creemos en la fuerza de la Energía Creadora y la capacidad que posee para restaurar nuestra materia prima original.

- *¡Negación de Responsabilidad!* Es muy difícil aceptar que la confusión y los problemas de este planeta son básicamente resultado de nuestro desempeño incorrecto como especie. Casi siempre, nos reusamos a hacer cambios personales y sociales que sean más convenientes para conectarnos con las fuerzas superiores, aquellas energías universales que son capaces de devolver el destino original y digno para la humanidad.

Debemos entender que estamos bien equipados para modificar el papel que desempeñamos en el "escenario de la vida" en cuanto nos *sintonizamos* con las fuerzas positivas y auténticas que el universo tiene disponibles para todos los seres evolucionarios. La reforma de nuestros hábitos físicos, mentales y espirituales es el único camino para conquistar una vida de bienestar... para interpretar el mundo de una forma más real y armonizar nuestras emociones... para elevar nuestra moral y dignificar nuestros comportamientos sociales.

"A pesar de todas las adversidades que hemos enfrentado, y que seguiremos enfrentando, somos seres extraordinarios. Creaturas con un tremendo potencial para recuperar nuestra esencia original, transformar las condiciones sociales de nuestro mundo, y forjarnos una mejor senda que nos lleve a la sobrevivencia eterna".

II
Nuestra
Naturaleza Energética

Si queremos entender cualquier aspecto referente a la existencia, y especialmente al ser humano, hay que tener en cuenta otro factor muy importante: *"Absolutamente todo lo que existe en el universo es energía, manifestada en infinidad de frecuencias de vibración"*.

Utilizando conceptos simples, se puede describir la "energía" como la fuerza que mueve cada una de las partículas esenciales del universo, llamadas átomos. El movimiento de cada átomo o partícula es característicamente oscilatorio, por lo cual es llamado "vibración". Y la vibración se puede dar en diferentes velocidades –en referencia a un período determinado de tiempo– creando la "frecuencia".

Entonces sería correcto decir que la vida es movimiento... la vida es vibración... la vida es frecuencia... la vida es energía.

Imaginemos que en el centro del cosmos existe una poderosa *fuerza creadora*, que no solo genera un material vital llamado "Energía Universal", sino que es capaz de moverlo a través del espacio, como llenando el infinito. Semejante a un "volcán" cuando emana por su cráter una nube de humo, densa y gaseosa, que se extiende sutilmente por el aire.

Mientras se aleja del núcleo, en el largo recorrido cósmico, esta Energía Universal va manifestándose de incontables maneras. Con una frecuencia inicial muy alta, sus pequeños átomos van viajando y cambiando gradualmente de velocidad, tamaño, posición y distancia entre ellos. Y a medida que la frecuencia va decreciendo, segundo a segundo, se origina algo nuevo. Así es como cada objeto, ser vivo, color, olor, textura, sabor, sonido y demás realidades poseen una posición y actividad oscilatoria *única,* que les permite presentar características particulares.

Al irse acomodando todos los elementos en una escala de altas a medias y a bajas frecuencias, se forman los llamados *espectros o gamas.* Si observamos la degradación de luz de un arcoíris, veremos que cada color tiene su propio lugar –uno al lado del otro– y delicadamente se van matizando los tonos claros hasta los oscuros. (Ver gráfico No. 1)

Gráfico No. 1

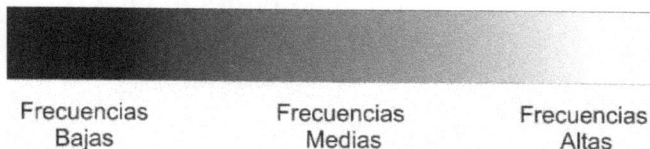

Frecuencias	Frecuencias	Frecuencias
Bajas	Medias	Altas

O, por ejemplo, la serie de los sabores comienza con los dulces, pasa por los salados, y llega a los ácidos según su punto de vibración. Los sonidos agudos, medios y bajos resuenan de acuerdo a su frecuencia individual. Los elementos sólidos se forman con revoluciones más bajas que los líquidos, y los gaseosos mantienen vibraciones altas. Las temperaturas calientes denotan oscilaciones mayores; las frías, unas menores.

Hasta los organismos vivos constituyen una gama; donde algunos animales y plantas se distribuyen en velocidades altas, y otros, como los hongos, las bacterias y los virus, se desarrollan en oscilaciones supremamente bajas. Y así podemos seguir indefinidamente la clasificación.

Pues bien, nosotros como *personas* no somos la excepción en todo este fenómeno. La especie humana también posee la Energía Universal como su materia prima, y forma una escala propia o mini-espectro, donde cada individuo ocupa un puesto privilegiado, con una frecuencia de vibración *exclusiva* y una conexión independiente con el resto del universo. (Ver gráfico No. 2)

Gráfico No. 2

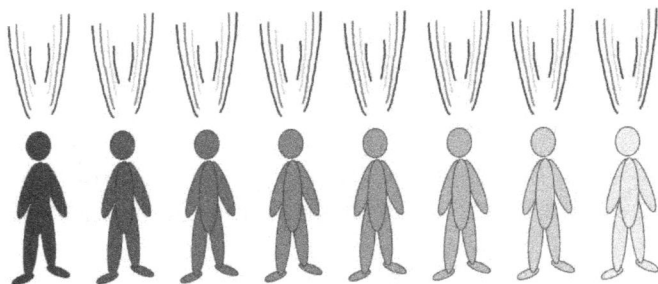

No, el ser humano no es una excepción. Al final de cuentas, también pertenecemos a la creación y gozamos de gran importancia en este escenario infinito de contrastes.

Nuestro Aspecto Individual

Si la Energía Creadora es la materia prima, y aquella que da vida a todas las realidades existentes, incluyendo la especie humana, es importante dejar de vernos a nosotros mismos solo como cuerpos físicos, y más bien identificarnos y tratarnos como lo que realmente somos: *energía*.

En el momento exacto que somos concebidos, en el vientre de nuestra madre, la chispa de vida divina enciende una "llama" de energía que vibra en una frecuencia específica, y varios meses después, nuestro cuerpo queda formado con características completamente originales.

Si observamos detenidamente la llama de una vela, podremos ver una zona interna –trasluciente y amarillosa– que rodea la mecha donde la cera empieza a quemar. Esta combustión genera olas de calor, que se desvanecen en capas, del centro hacia afuera, dando forma a una llama ovalo-alargada. ¡De igual manera funcionamos los seres humanos! (Ver gráfico No. 3)

Gráfico No. 3

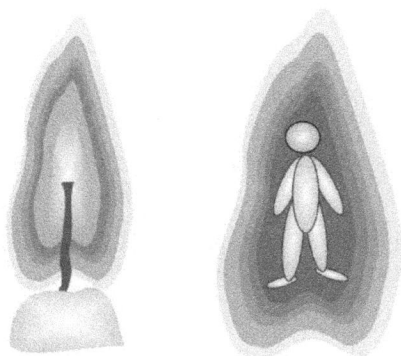

Nuestro cuerpo se puede comparar con la mecha de la vela, manifestándose en la parte más densa de todo nuestro campo energético. De allí, las capas de energía se despliegan hacia afuera, gradual e indefinidamente, hasta llegar al punto que ya no las vemos, pues su frecuencia se sale del rango de nuestra capacidad visual.

Así pues, aunque formamos parte de un gran espectro universal, y nos relacionamos unos con otros, somos "flamas de energía" independientes, vibrando en nuestro propio espacio y frecuencia.

Convirtiéndonos en seres únicos... convirtiéndonos en "células" del universo. (Ver gráfico No. 4)

Gráfico No. 4

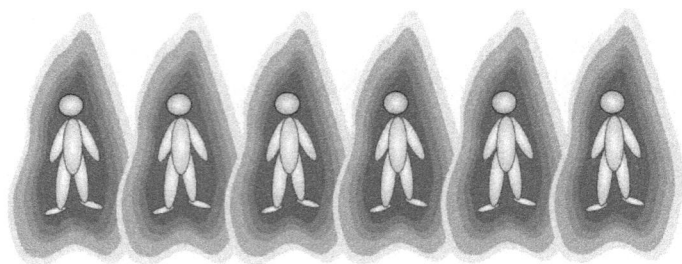

Nuestro Aspecto Tridimensional

Aunque nuestro ser lo origina una *sola* gran corriente de Energía Creadora, ésta, a su vez, se divide en *tres* corrientes individuales: Material o Física, Mental y Espiritual.

Estas tres corrientes trabajan en perfecta correlación; sin embargo, cada una de ellas no solo tiene propiedades y funciones diferentes, sino que trae beneficios muy definidos para cada persona. Aquí, es cuando podemos decir que el ser humano no es *unidimensional* sino más bien *tridimensional*. (Ver gráfico No. 5)

Gráfico No. 5

En capítulos posteriores se describirán más a fondo estas tres corrientes esenciales universales, pero por ahora miremos lo básico:

- *Energía Material o Física*: La vamos a visualizar como una corriente de humo de color "rojo" que se expande por el gran espacio. Da manifestación a nuestros cuerpos físicos, que sirven como medio para percibir el mundo externo, a través de los sentidos del olfato, gusto, audición, tacto y visión.

- *Energía Mental*: Se puede visualizar como una gran corriente, de color "amarillo", que tiene plasmada *toda la memoria* del universo. Este flujo le da a nuestro cerebro el material para aprender acerca de quiénes somos y cómo debemos interactuar con el mundo físico, fuera de que nos da la oportunidad de experimentar las emociones. Hay que tener en cuenta que las transmisiones mentales son de mucha más alta frecuencia que las físicas.

- *Energía Espiritual*: La podemos imaginar como un río energético de color "azul". Es el medio por el cual nos conectamos con transmisiones de frecuencia muchísimo más altas que las que nos brinda la corriente mental, y por supuesto la física. Ofreciéndonos ideas altruistas y reales acerca de la existencia, y ampliándonos la conciencia, para distinguir lo correcto de lo incorrecto, lo real de lo irreal, la verdad de la ilusión, la vida de la expiración.

Nuestro Aspecto Electromagnético

Electricidad es una de las muchas propiedades de la Energía Universal, y cuando el "trio energético" entra a fluir en trayectoria espiral en nuestro cuerpo, nos convierte en un campo eléctrico. Así pues, gracias a la acción de las partículas cargadas eléctricamente, se originan ondas magnéticas que se expanden interconectada y gradualmente hacia afuera del cuerpo, formando un completo *sistema biológico electromagnético*.

Este sistema es comúnmente conocido como "Aura o Campo Bioenergético". (Ver gráfico No. 6)

Gráfico No. 6

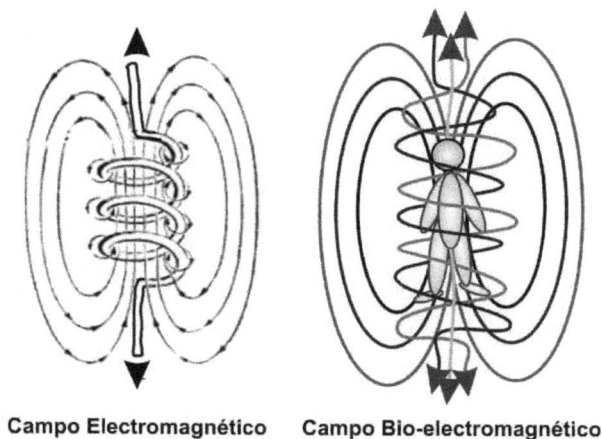

Campo Electromagnético   **Campo Bio-electromagnético**

Mientras que la corriente eléctrica circula en espiral, de la cabeza a los pies y de los pies a la cabeza, en diferentes partes del cuerpo se forman unos centros de convergencia de energía que comúnmente son llamados "Chakras".

El objetivo de estos *centros energéticos* no es solo de darle fuerza a las ondas magnéticas, sino ayudar a expandirlas, de una forma rítmica y constante, alrededor del cuerpo, haciendo efectivo todo el campo bio-electromagnético. (Ver gráfico No. 7)

El tema de los Chakras es ampliamente conocido y explicado en diferentes formas según las filosofías alrededor del mundo. Pero al no ser tema relevante en este libro, yo voy a dejar a tu discreción, mi querido lector, si deseas explorar más a fondo todos esos conceptos y escoger los que mejor resuenen con tu juicio.

Gráfico No. 7

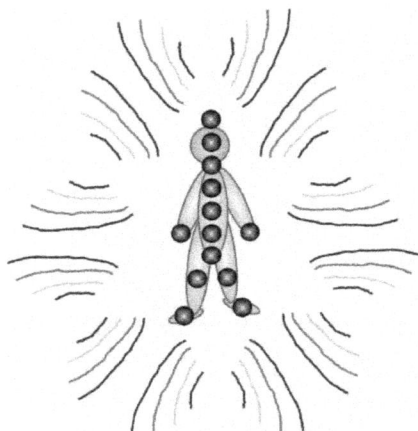

Centros Energéticos or Chakras

"Por ahora, deseo concluir diciendo, que somos seres nacidos de la madre Energía Universal Trinitaria. Criaturas con una conexión independiente con el resto del universo, características incomparables, pensamientos únicos, emociones exclusivas y experiencias inigualables. Y ésto debe ser la pauta para respetarnos más, para seguir explorando nuestro potencial, y, por supuesto, para sentirnos orgullosos del lugar que ocupamos en el vasto espectro cósmico".

III
Efecto
Bio-Antena

El hecho de que seamos seres electromagnéticos, vibrando en una frecuencia particular, nos da la cualidad de *ser transmisores*, al emitir ondas de energía hacia el exterior de nuestro cuerpo, y también *receptores*, al captar ondas de energías del mundo externo.

¡Similar al funcionamiento de una *antena radial*!

Así pues, como antenas biológicas, nosotros podemos conectarnos o sintonizarnos con todo el espectro positivo del universo, y, *como efecto*, recibir resultados favorables. O por el contario, salirnos de sintonía o desconectarnos de todos esos aspectos positivos, y, *por efecto*, recibir resultados desfavorables.

Este sencillo concepto es el fundamento de lo que yo llamo "Efecto Radio-Antena o Bio-Antena".

Para entender mejor, pensemos en un aparato de radio sencillo, con una tecnología –no digital– que solo permite buscar las estaciones de una forma *manual*, pues carece de buscador automático o "escáner". Aquellos radios de las generaciones pasadas, que hoy en día, desafortunadamente, parece casi obsoletos en estos tiempos de gran adelanto. (Ver gráfico No. 8)

Gráfico No. 8

Transmisiones Radiales

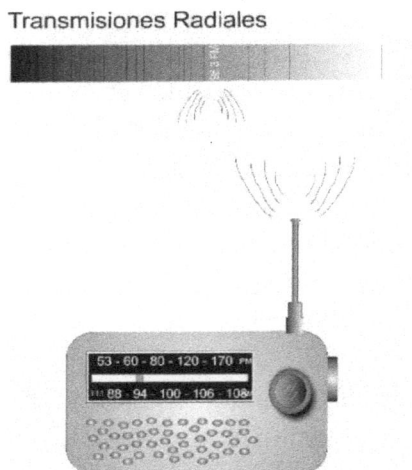

El pequeño radio se compone de una *máquina,* que soporta todas las piezas necesarias para poder captar las emisiones difundidas en el espacio aéreo. Un *botón de encendido,* que permite ponerlo en funcionamiento o apagarlo. Una *antena,* que puede producir toda una gama de ondas con diferentes frecuencias de vibración, y a su vez, captar las señales generadas por las emisoras. La *perilla sintonizadora,* que se puede mover, de lado a lado, para lograr ubicar las distintas estaciones a las que tiene disponibilidad el aparato. Un *altavoz o parlante,* por donde se reproducen las corrientes captadas por la antena. El sistema de *volumen,* que da la opción de escuchar el sonido en diversos niveles de intensidad. Y una *batería o cable eléctrico,* que genera el impulso energético para que todos los elementos anteriores puedan trabajar apropiadamente, y el transistor cumpla la fascinante función de poner a nuestro alcance transmisiones producidas a gran distancia.

Ahora bien. ¡Nosotros, como seres extraordinarios, también nos comportamos de la misma manera que un aparato de radio!

Nuestro *cuerpo físico* es como la máquina o el artefacto. Nuestro *cerebro* cumple la función de antena, creando una gama de pensamientos o vibraciones, que se conectan con emisiones análogas a las que irradia la Energía Mental, a través del cosmos. El *libre albedrío* es la perilla que elige y determina las frecuencias universales que queremos sintonizar. Nuestras *emociones* –así como la música que sale por los parlantes– son el resultado de las transmisiones que nuestros pensamientos captan del espacio, en un momento determinado. La intensidad o *libertad* con que expresamos los sentimientos, se puede comparar con el volumen. Y el *estímulo* que podamos darle a nuestro ser, para mantenerlo activo, es como la batería o el fluir eléctrico.

Sintonización

Digamos que la perilla sintonizadora del radio, está situada, exactamente, en el número marcado con "90.3 FM", correspondiente a una emisora de *música clásica.* Al presionar el botón del encendido, la antena comienza a generar una onda de energía con la frecuencia señalada, y de inmediato se acopla con la onda de vibración equivalente que transmite la nombrada estación. De este modo, cuando las dos señales radioeléctricas, de frecuencia exacta, se unen, abren un canal aéreo por donde se transportan todas las melodías, que, a su vez, serán amplificadas y reproducidas por los parlantes. En la potencia indicada por el volumen del radiecito.

Si la música clásica se escucha nítidamente y sin ningún rastro de otros sonidos, podemos decir que el radio está *sintonizado.* Y para obtener una verdadera sintonización se deben dar dos condiciones: primero, que la maquinaria reciba el estímulo energético correcto por parte de la red eléctrica o la batería tenga la carga completa. Y segundo, que la perilla sintonizadora esté perfectamente localizada en la marca "90.3 FM", para que la antena pueda emitir una oscilación igual a la de la emisora.

Exactamente, nosotros, como bio-antenas, tenemos la capacidad de conectarnos con tres "emisoras" o circuitos energéticos universales que se nombran como: *Físico o Material, Mental y Espiritual.* (Ver gráfico No. 9)

Gráfico No. 9

Transmisiones Universales

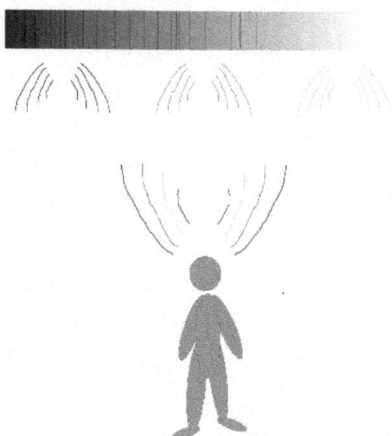

En el momento exacto de la concepción, en el vientre materno, se produce una chispa de vibración que da el impulso inicial para encender nuestro "radio", e inmediatamente se abre el puente o enlace con la Energía Material. Luego, en el transcurso del crecimiento, cuando adquirimos una frecuencia más alta, entramos a percibir el Circuito Mental. Y, por último, debemos llegar a un punto de vibración mucho mayor para captar la "emisora" Espiritual.

Digamos que, como bio-antenas, toda nuestra maquinaria –cuerpo, mente y espíritu– debe producir frecuencias que sean *equivalentes* a las de las Corrientes Universales Material, Mental y Espiritual, respectivamente. Y así poder estar en *sincronización* con ese "trío energético", que es la fuente de nuestro bienestar.

Una buena condición de salud y vitalidad está regida por el grado correcto de vibración que tenga la Energía Física en nuestro *cuerpo*. El desempeño apropiado de nuestra *mente* -con un intelecto ágil y creativo- está sujeto al nivel energético que mantenga la Energía Mental en nuestro cerebro. Y nuestro *espíritu* se alimenta de la cantidad de información que pueda fluir a través de la Corriente Espiritual, inundándonos con la sabiduría más alta que llega directamente de la fuerza creadora.

Somos seres de energía pura, enlazados con las fuerzas universales primarias a través de frecuencias determinadas. Pero eso sí, tenemos que estar sintonizados con ellas, para captar la información necesaria, que nos facilite un buen desempeño en todos los aspectos de vida.

Desintonización

Si por algún motivo, la electricidad o la pila no están dando un empuje suficiente al aparato radial, la transmisión que estemos escuchando comienza a perder potencia y a distorsionarse. O si la perilla de las estaciones se ha movido fuera de la frecuencia exacta, así sea un milímetro, hacia los lados de frecuencias más altas o más bajas, la música comienza a perder gradualmente cada uno de sus componentes, y un ruido como de lluvia (estática) opaca la armonía de la tonada. Entonces decimos que el radio está fuera de sintonía o *desintonizado*.

Igualmente, si por alguna razón, nuestra energía cambia su frecuencia original, lejos del punto de sintonización, entramos en un *campo de interferencia-estática* y vamos perdiendo comunicación con las fuentes universales. Cuando nuestra energía o "batería" se descarga, o se satura, comenzamos a perder todos los aspectos positivos y experimentaremos molestias, confusión y distorsión de la realidad.

Consecuentemente, el cuerpo físico pierde vigor y se enferma. Los pensamientos, ideas y conceptos ya no fluyen adecuadamente; arrastrándonos a tomar decisiones incorrectas, que afectan nuestro buen desempeño social y la interacción apropiada con el mundo alrededor. Del mismo modo, el vínculo con Dios se va esfumando; lo que nos lleva a malinterpretar el verdadero sentido de la vida y a percibirnos desamparados, con angustia y desesperanza.

Si vibramos adecuadamente, recibimos la información y los estímulos del universo apropiados; pero, si vibramos de una manera incorrecta, los vamos perdiendo.

Espacio Frecuencial

Para comprender, un poco mejor, el tema de la sintonización y la desintonización, es necesario hablar de lo que yo llamo un *Espacio Frecuencial*.

Podemos definir un Espacio Frecuencial como el área, la casilla o el campo energético que ocupa cada elemento que existe en el espectro cósmico. Si usamos como analogía un instrumento musical como el piano, podremos visualizar cada una de las *teclas* como un Campo Frecuencial en la escala del *teclado*.

Cada Espacio o Campo Frecuencial está formado por *tres* partes internas (Ver gráfico No. 10)

Gráfico No. 10

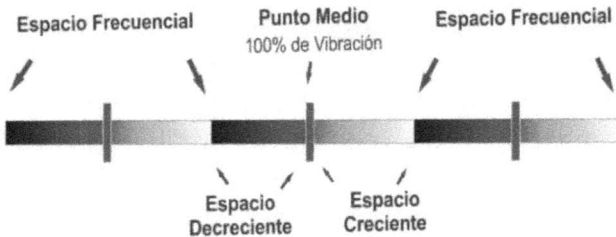

Espacio Frecuencial   Punto Medio   Espacio Frecuencial

100% de Vibración

Espacio Decreciente   Espacio Creciente

1- *Punto Central u Óptimo:* Es la sección ubicada en la mitad del campo, donde todas las partículas esenciales del elemento están activas. En otras palabras, donde la energía de la materia vibra en un ciento por ciento (100%).

2- *Espacio Decreciente:* Es la sección que se extiende hacia un lado del punto medio, donde las frecuencias de la gama van *declinando*. Aquí las ondas energéticas, generadas por el núcleo del elemento, van perdiendo intensidad. Bajan en porcentaje de vibración, de 90%, 80%, 70%, 60% y así sucesivamente, hasta desvanecerse por completo en el siguiente Espacio Frecuencial que lo antecede en el espectro.

3- *Espacio Creciente:* Se expande desde el punto medio hacia la dirección de la escala donde las vibraciones van *creciendo*. Aquí, las ondas energéticas del elemento van aumentando su intensidad vibracional gradualmente, de 110%, 120%, 130%, 140% y así sucesivamente, hasta disiparse en el Espacio Frecuencial adyacente.

¡Retomemos el ejemplo de la radio-comunicación!

En la amplia gama de las comunicaciones, las estaciones radiales tienen asignada una franja aérea propia para transmitir su información. Cada una de ellas –como Espacios Frecuenciales– manifiesta un punto medio, por el cual la emisión es transmitida de una manera integral y perfecta; y dos distancias adyacentes, creciente y decreciente, en donde la señal entra a una *zona de estática* y va perdiendo todas sus cualidades.

Ahora bien, así como las transmisiones son difundidas a través de campos frecuenciales, los aparatos de radio captan las corrientes del mismo modo.

Si la perilla sintonizadora de un transistor se encuentra ubicada en la posición exacta de la emisora de Música Clásica que tanto nos gusta "90.3 FM", los sonidos serán claros y nítidos. Pero si llevamos el botón hacia el lado de las frecuencias *más bajas*, se interpone una "lluvia" de ruidos que distorsiona la limpieza del sonido original. La melodía va desvaneciéndose gradualmente; los instrumentos desaparecen, uno a uno; y la intensidad del volumen, baja, hasta que la conexión se acaba por completo.

Si, delicadamente, continuamos moviendo la perilla en la misma dirección, empezaremos a entrar en el siguiente Espacio Frecuencial. Escuchando sonidos nuevos, producidos por una estación, quizás de Deportes, que tiene su canal radial en el "82.5 FM", al lado de la radiodifusora musical.

El caso opuesto, es cuando, volviendo a la emisora de música clásica, continuamos el recorrido hacia el otro lado de frecuencias *más altas*. De nuevo sucederá el mismo fenómeno que se dio antes. Paulatinamente, se irá perdiendo el rastro de las tonadas clásicas, entre ruido y distorsión; hasta el límite de mezclarse con la información divulgada en la frecuencia adyacente "101.5 FM", que, en este caso, pertenece a un *Noticiero.*

Cuando se *debilita* o se *sobreestimula* su frecuencia, las melodías van perdiendo todos sus componentes originales. Por un lado, se escucha un grito de "gooooo...ool", anotado por el equipo de fútbol local, y, por el otro lado, es reemplazada por la voz del comentarista que da el último "reporte económico".

Al salirse de conexión, la música va dejando de ser música, para convertirse gradualmente en ruido y luego desaparecer.

Con un enfoque general, podemos decir que el Espacio Frecuencial de la emisora clásica comienza en el punto donde acaba la emisora de deportes. Luego pasa por una de sus *propias* zonas de estática. Luego por el lugar exacto que sintoniza la música nítidamente. Luego pasa por la otra zona de estática. Y finalmente, termina, en el otro extremo, donde empieza la emisora de las noticias. (Ver gráfico No. 11)

Gráfico No. 11

Estación de Música
90.3 FM
100% del Sonido

Estación de Deportes
82.5 FM

Estación de Noticias
101.5 FM

Zona
Estática

Zona
Estática

¡Volvamos a las maravillas del ser humano!

Como criaturas de naturaleza energética, podemos decir que también nos manifestamos en un Espacio Frecuencial, dentro del espectro que nos corresponde. Expresamos un centro esencial o *Punto Original* de frecuencia, cuando nuestra energía vibra al 100% o en su condición integral. Un *Espacio Decreciente* o *zona negativa de estática* en donde las vibraciones van decayendo sucesivamente hasta desvanecer. Y un *Espacio Creciente* o *zona negativa de estática* donde la energía aumenta gradualmente hasta desvanecer. (Ver gráfico No. 12)

Gráfico No. 12

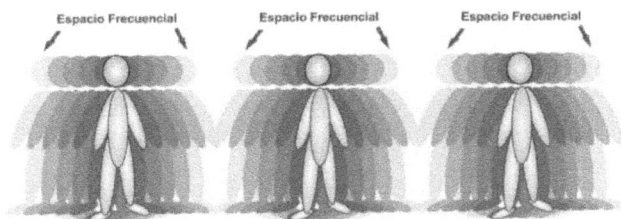

Espacio Frecuencial

Espacio Frecuencial

Espacio Frecuencial

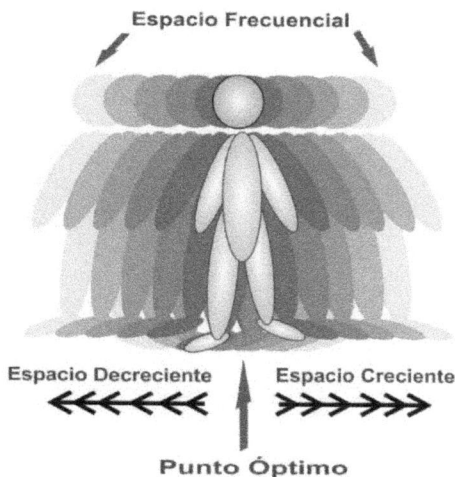

Como ya dijimos, si nuestra energía está vibrando en la frecuencia exacta de las fuentes de vida, nuestro cuerpo, mente y espíritu funcionan bien. Pero, cuando no nos estimulamos apropiadamente y las vibraciones van *bajando* a las frecuencias del Espacio Decreciente, comenzamos a desintonizarnos; experimentando los diferentes síntomas de lo que es llamado comúnmente como *"Depresión"*, condición que afectan la vida de todos los seres humanos de una u otra manera.

O, si por otras circunstancias, *activamos* nuestra energía de una manera desproporcionada y entramos al Espacio Frecuencial Creciente, también nos salimos de sintonía y percibimos los estados de *"Estrés"* que generan situaciones igualmente dañinas para nuestro equilibrio. (Ver gráfico No. 13)

Gráfico No. 13

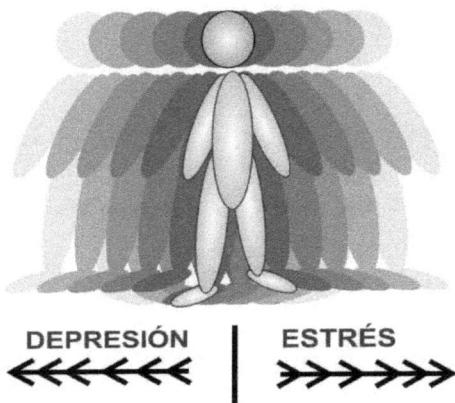

DEPRESIÓN | **ESTRÉS**

««« | »»»

En otros capítulos, explicaré más detalladamente los síntomas y comportamientos que presentamos cuando nuestra energía se desconecta de las fuerzas primarias universales. Por ahora quisiera enfatizar lo siguiente:

"Si no estimulamos nuestra energía en un grado adecuado, nos desintonizamos y entramos en Depresión. Contrariamente, si excitamos nuestra energía en una forma desproporcionada, también nos salimos de sintonía y entramos en Estrés. El acercamiento al Punto Original u Óptimo de nuestra frecuencia es directamente proporcional a las condiciones favorables y

saludables; pero, el alejamiento de este punto medio es inversamente proporcional a ellas."

Según la cantidad de vibración que le demos a nuestras corrientes energéticas, equivalentemente se sentirá la intensidad de sus beneficios. Cuando nos alejamos de nuestra *frecuencia original*, lo positivo va mermando fuerza y lo real se va transformando en algo irreal. Nuestra naturaleza se disipa, se deforma. Y si las vibraciones llegan al punto límite, donde termina nuestro Campo Frecuencial, en cualquiera de las dos zonas negativas, nuestra materia prima se verá arrastrada a, simplemente, dejar de manifestarse.

Modulación

En este contexto, *modulación* denota, que, si por alguna razón, cualquiera de nuestras energías física, mental o espiritual se sale de sintonización, debemos toman medidas prácticas para reajustarlas, regularlas o moverlas *de vuelta* a su estado original de resonancia.

Al nacer venimos sintonizados, sin embargo, en el proceso del crecimiento, nos enfrentamos a hábitos, situaciones y condiciones nocivas que van cambiando nuestro nivel vibratorio.

Una mala nutrición; dinámicas de ejercicio y reposo inadecuadas; ambientes contaminados, de ruido y polución; y el consumo de sustancias dañinas como alcohol, cigarrillo o drogas, entre otros aspectos, sacan nuestro *cuerpo* físico fuera de su punto de equilibrio.

Ambientes superpoblados que ofrecen una educación deficiente y acontecimientos arbitrarios, más el mundo de las noticias que se enfoca en la información sensacionalista, entre otras circunstancias, generalmente nos empujan a pensar en negativo y sentencian nuestra *mente* a distorsionar los conceptos verdaderos.

Religiones cerradas y radicales, culturas de baja moral, y mentes de pensamiento erróneo, nos cierra la posibilidad de entrar en contacto con la energía universal de alta sabiduría, opacando los milagros transformadores que ella puede brindarle a nuestro *espíritu*.

Y es por esta desintonización que, casi siempre, es difícil hacer un buen trabajo de vida. Por ésto se pierde la auto-seguridad y el auto-control… por ésto asumimos posiciones equivocadas con las personas que nos rodean… por ésto escogemos caminos que no llenan las expectativas personales ni nos dan felicidad… por ésto creamos emociones malsanas, problemas y sufrimientos que no están dispuestos para nuestra evolución… por ésto nos sentimos incapaces de tomar control de nuestro destino.

Por esto, cada vez que alguno de estos aspectos nos saca de sintonía, es indispensable modular *(acelerar o desacelerar)* la vibración de cada una de nuestras energías, para traerlas, de vuelta, a su punto óptimo de conexión.

Así pues, cada vez que cualquiera de nuestras energía física, mental o espiritual está vibrando lentamente –en niveles del Espacio Decreciente– nosotros debemos *activarla o acelerarla* hasta la frecuencia óptima, en el punto medio. Por el contrario, si estamos vibrando rápidamente –en algún nivel del Espacio Creciente–, tenemos que *calmar o desacelerar* nuestras vibraciones energéticas hasta del punto central de equilibrio. Este tema se extenderá en el capítulo VII. (Ver gráfico No. 14)

Gráfico No. 14

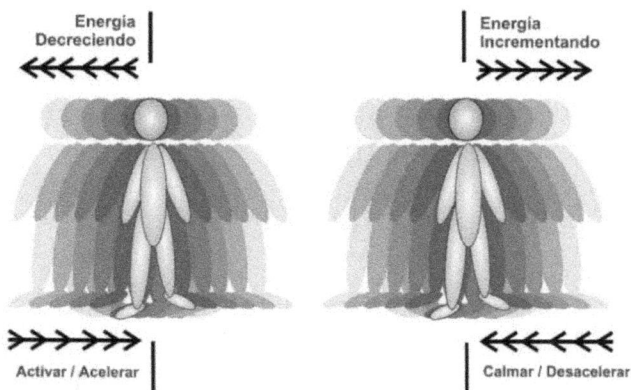

Energía Decreciendo

Energía Incrementando

Activar / Acelerar

Calmar / Desacelerar

Hay que entender que, para lograr esta modulación, no solo tenemos un poder innato o dentro de nosotros, que nos ayuda a sintonizar nuestras energías, cada vez que ellas se desintonizan. Sino que, además, el universo nos brinda una infinidad de herramientas naturales y eficientes, que pueden mover nuestra energía, hacia arriba o hacia abajo, hasta un estado armónico.

La *modulación* de nuestra energía es esencial para preservar la conexión de nuestro "radio" de una manera constante. Al estar nuestra "antena" en sintonía, logramos recuperar la intercomunicación con la sabiduría cósmica, disponible para toda la humanidad desde el principio de los tiempos.

En los siguientes tres capítulos se explicará cómo funcionan las Energías Física, Mental y Espiritual independientemente. Los efectos que se producen cuando estamos en conexión o desconexión con ellas. Y aquellas herramientas naturales que nos permiten sintonizar y modular cada una de estas corrientes.

Para finalizar, recordemos:

"Somos energía pura vibrando individual y constantemente ante el universo. Nos comportamos como radio-antenas biológicas, emitiendo ondas electromagnéticas e igualmente recibiendo la energía del mundo que nos rodea. Sin olvidar que debemos sostener una comunicación directa con las tres fuerzas primarias universales, o, *por efecto*, perderemos todas las condiciones positivas que nos aseguran un buen desempeño de vida".

IV
Nuestra
Energía Física

⌒⌒⌒⌒⌒

La Energía Material o Física es la sustancia prima o básica que sirve como soporte al universo. Ese "humito rojo" que da origen, tanto a nuestros cuerpos físicos, como al resto de elementos *perceptibles* que nos rodean.

En el instante que somos concebidos, se abre un portal o un espacio ubicado en un lugar específico del espectro universal. Inmediatamente, la vibración naciente se conecta con las emisiones transmitidas por la Corriente Universal Material; generando un canal por donde la *materia prima* y la *información genética preestablecida* se transfiere al ADN de cada una de nuestras células… materia prima e *información codificada*, necesarias para construir un organismo con características, tal vez parecidas, pero jamás iguales a las de otro ser.

Nuestra Energía Física en Sintonización

Pensemos en un árbol de *manzanas*. Gracias a la excitación producida por los rayos solares y nutrientes de la tierra, en cierto lugar de sus ramas comienza a aumentar la vibración, y se va manifestando una pequeña fruta verde. Luego, a medida que la frecuencia energética de la frutica aumenta, no sólo su tamaño cambia, sino también sus cualidades. Del color verde pasa al rojo, su corteza comienza a brillar, su interior se transforma de duro a blando y el sabor cambia de amargo a dulce. Alcanzando una condición, donde podemos decir, que la manzana está *madura* y en condiciones excelentes para ser consumida.

Igualmente, después de la "chispa" de la fecundación, y gracias a los estímulos directos del organismo de nuestra madre, nuestra energía va aumentando gradualmente su vibración. A través de este proceso, cada parte de nuestro cuerpo se va auto-construyendo en un nivel vibracional especifico; y así, célula por célula, tejido a tejido, músculo tras músculo, órgano por órgano aparecen hasta darle vida a todo nuestro espectro corporal.

Cuando se llega al Punto Óptimo de Frecuencia, y nuestra materia está en *sintonía total* con el universo, nuestro cuerpo trabaja con el ciento por ciento (100%) de sus capacidades.

El cuerpo funciona, crece y se regenera efectivamente. Las células trabajan en coordinación. El corazón late rítmicamente, bombeando la sangre en volumen y velocidad correcta. Los órganos y glándulas producen suficientes químicos, fluidos y hormonas. El cerebro y todos los sistemas corporales se desempeñan eficientemente. El PH del cuerpo se mantiene en el nivel correcto (entre 7.35 - 7.45), ni muy acido ni muy alcalino. La piel se conserva fresca y el pelo brillante. Las uñas, los dientes y los huesos permanecen sólidos. El peso corporal se conserva, facilitando la flexibilidad. Todos los sentidos —vista, oído, olfato, gusto y tacto— están despiertos y listos a reaccionar a los estímulos externos. La temperatura interna es apropiada. El sistema inmune se fortalece, facilitando la buena salud. En general, irradiamos belleza y bienestar.

Cuando nuestra energía física y la Energía Universal Material actúan juntamente, la fuerza creadora nos provee con un organismo altamente equipado para sobrevivir la aventura de vida con libertad, vitalidad y emoción.

Nuestra Energía Física en Desintonización

Querido lector, por favor, presta buena atención al siguiente párrafo:

"Absolutamente todos los elementos de la naturaleza tienden a parar las vibraciones internas de su propia materia, lenta y progresivamente, si no son activados por algún

estímulo externo que mantenga su frecuencia en el Punto Óptimo".

Si retomamos el ejemplo del árbol "Manzano" y preguntamos: ¿Qué pasa si desprendemos la fruta madura de la rama y la dejamos en el suelo, al aire libre y por muchos días? Podemos deducir que *sin* la activación que le proporcionan los nutrientes del árbol, las partículas esenciales de la manzana comienzan a mermar sus vibraciones. Poco a poco, la textura de la cascara se torna arrugada y sin brillo, el sabor va pasando de dulce a acido, el color cae de rojo a los tonos marrones y su contorno se va deformando. Hasta llegar a un momento tan bajo de velocidad oscilatoria, que termina pudriéndose, y vulnerable para ser consumida por organismos –que se desarrollan en frecuencias muy bajas– como los insectos y las bacterias.

¡El aspecto general de *provocativa* y *saludable,* pasa al de *desagradable* y *malsana!*

Homólogamente, al nacer, nosotros perdemos el soporte directo que nos brinda el cuerpo materno; y si, el resto de la vida, no creamos *estímulos correctos* que activen la energía, nuestras vibraciones corporales comienzan a decaer.

Así, todas las partes del organismo que se formaron inicialmente de una manera sucesiva, se van deteriorando, en orden contrario al que alguna vez adquirieron vida. Órgano a órgano, músculo por músculo, tejido tras tejido, célula a célula se desprograman y pierden su capacidad de funcionamiento.

El cuerpo que se *auto-construyó* en una sucesión progresiva, se va *auto-destruyendo* en una sucesión regresiva.

Cuando nuestra materia no se acopla con la frecuencia de la Energía Universal Material, debido a una *poca estimulación*, nuestro cuerpo cae gradualmente en los niveles del Espacio Decreciente. Entre más vibramos en estos niveles bajos de potencia (de 90% hacia abajo), más se distorsiona la información que necesita el organismo para trabajar apropiadamente. Además, el desempeño de todos los órganos y sistemas vitales se vuelve *lento*; muchas veces, hasta el límite de *parar* completamente.

El cuerpo se siente pesado y falto de energía. Las glándulas reducen su producción de hormonas y fluidos a grados insuficientes. Los músculos se vuelven flácidos. Las articulaciones se ponen rígidas, causando neuralgias. El corazón desacelera su ritmo y disminuye la presión sanguínea necesaria para irradiar adecuadamente todo el cuerpo. El PH interno cambia de neutral a acido, oxidando las células. La temperatura corporal se enfría, creando un ambiente húmedo, propicio para las bacterias y virus, por lo que el cuerpo queda vulnerable a infecciones y enfermedades. Hay una pérdida de apetito, lo cual lleva al adelgazamiento y la disminución de la masa muscular. La piel se marchita. Los huesos merman su densidad. El cabello, uñas y dientes se debilitan. Se hace muy difícil la concepción. Los sentidos pierden la capacidad de disfrutar las sensaciones, lo que lleva a el poco deseo de hablar, de escuchar, de actuar, incluso de tener cualquier contacto sexual o íntimo. Y entre más baja la frecuencia, más se debilita el sistema inmunológico, dando como resultado un cuerpo desequilibrado, deprimido y enfermizo.

¡Ahora bien! Si, por el contrario, nuestra energía entra a vibrar en cualquier nivel del Espacio Creciente, debido a *demasiada estimulación*, se darán otra cantidad de condiciones, a veces similares, pero casi siempre opuestas a las producidas en los grados decrecientes.

Cuando nuestro cuerpo va subiendo sus vibraciones gradualmente a niveles muy altos de frecuencia (de 110% para arriba), más se distorsiona la información que necesita el organismo para trabajar apropiadamente. Además, el funcionamiento de todos los órganos y sistemas vitales se acelera; muchas veces, hasta el límite de dañarlos irreparablemente.

El cuerpo permanece sobreactivado y exhausto. Las glándulas aumentan la producción de hormonas y fluidos a grados dañinos. Los músculos se tensionan demasiado, creando problemas en los ligamentos. Las articulaciones se desgastan, generando dolor. El corazón acelera su ritmo y sube la presión sanguínea al punto de inflamar el sistema circulatorio. El PH interno cambia de neutral a muy alcalino, afectando a las células. La temperatura corporal se calienta, creando un ambiente reseco, lo que resulta en deshidratación y deficiencia de oxígeno. Se despierta mucho el apetito, lo cual lleva al sobrepeso y la distorsión de la silueta. La piel presenta irritaciones y sarpullidos. Los huesos se sobre-calcifican. Se siente la necesidad de estimular los sentidos constantemente, lo que puede llevar a hablar exageradamente, o a generar adicciones al sexo, drogas y otros estimulantes. Y entre más alta se mantiene nuestra frecuencia, más se desequilibra, tensiona y agobia el cuerpo.

Para concluir, hay que reiterar que nuestra sustancia prima física debe tener constantemente un impulso específico que *iguale* la frecuencia que se nos asignó al nacer. Si la energía sube o baja demasiado su frecuencia, lejos del punto original de conexión con la Energía Universal Material, nuestro cuerpo va perdiendo, una por una, las condiciones necesarias para mantenerse vital y saludable.

Herramientas Naturales para Sintonizar Nuestro Cuerpo o Energía Física

Como ya vimos, cada vez que nuestra energía física está vibrando fuera de sintonía, nosotros debemos tomar medidas prácticas para *activarla* o *acelerarla* de vuelta hasta la frecuencia óptima de sintonía. O en el caso contrario, para *calmarla* o *desacelerarla* de vuelta hasta el punto central de equilibrio.

Las *herramientas* para lograr esta sintonización y modulación energética son muchísimas. Y aunque generalmente las tenemos disponibles a nuestro alrededor, no las notamos… no las usamos… no las disfrutamos. Pues dudamos que estas herramientas tan comunes y corrientes, sean capaces de restaurar nuestra verdadera naturaleza *simple y natural.*

Así, buscando "soluciones milagrosas" que nos proporcionen una vida de bienestar *inmediata*, equivocadamente, nos aferramos a medicamentos químicos, sustancias estimulantes dañinas, dinámicas complicadas o personas ajenas que prometen acabar nuestras dolencias como por "arte de magia". Pero resulta que los *magos* somos nosotros y los métodos para permanecer sanos están en nuestras manos.

A continuación, exploraremos las herramientas para *sintonizar naturalmente* nuestra energía física:

a) MOVIMIENTO: ¿Qué más fácil y normal puede ser mover el cuerpo para estimular nuestra energía? El movimiento es el primer instinto del ser humano y un requisito *irremplazable* para mantener la vida. Es la fuerza básica o el generador que le permite al aparato físico convertir la energía mecánica, en energía electromagnética. Produciendo el fluir energético adecuado que preserve la conexión con la fuente de Energía Universal Material.

Dependiendo de la cantidad de acción que tengamos en un momento dado, así mismo será la frecuencia interna del organismo. Poco movimiento diario nos lleva a permanecer vibrando en algún nivel del Espacio Decreciente, o demasiado ejercicio nos lleva a sobrepasar el punto medio y a entrar en el Espacio Creciente. Por esto es tan importante movernos de una forma *constante, equilibrada y completamente rítmica*; siempre en una proporción suficiente que nos sostenga en el lugar correcto.

Las personas sedentarias o con trabajos que les exigen mantenerse en un solo sitio, sin mucho lugar a ejercitarse, son las más propensas a enfermarse físicamente, y suelen presentar "cuadros depresivos" así sean en estados leves. A veces pensamos que el caminar de un lugar a otro, cumpliendo con las obligaciones, es suficiente para estimularnos. Pero, la verdad, es que generalmente la *carga energética* es poca y las partes corporales que no alcanzan a ser activadas serán las primeras en presentar condiciones negativas.

¡Ahora bien! Aunque, afortunadamente, por un lado, hoy en día se promociona mucho la importancia de hacer ejercicio para mantener la salud; desafortunadamente, por otro lado, mucha gente se va al otro extremo, y con el fin de perder peso o sentirse "muy sanos", cargan el organismo excesivamente de energía e igualmente lo desbalancean.

No olvidemos que la sobre-estimulación energética puede ser tan dañina como la depresión de ésta.

Hay que, entonces, buscar deportes o dinámicas físicas amenas, que se puedan realizar de una forma moderada. Mejor dicho, movimientos coordinados, que involucren absolutamente todas las zonas corporales, para que la energía llegue en las mismas proporciones a cada rincón del cuerpo; que no sean bruscos ni extenuantes y, bajo ninguna circunstancia, causen dolor.

Con base en lo anterior, quisiera resaltar dos actividades que, para mí, son las más completas, armónicas, naturales y placenteras: *la danza y la natación.*

- *LA DANZA o EL BAILE* ha perdido, a través de la historia, tanto su estructura básica como la verdadera función que presta para el bienestar físico. En muchas culturas la danza folclórica y social ha ido desapareciendo. Y, en otras tantas, se ha transformado en objeto exclusivo de competencia, ejecutada por profesionales que aprenden rutinas difíciles, cargadas de movimientos acrobáticos bruscos. O como entretenimiento, pero en entornos abarrotados hasta altas horas de la noche, combinada con música estruendosa, humo y licor.

Pero el auténtico objetivo de mover el "esqueleto" es producir una estimulación suave, sencilla, permanente y rítmica, que mantenga todas las piezas del organismo en sus frecuencias óptimas. La danza brinda la posibilidad de ejecutar movimientos inherentes a nuestro diseño corporal de un modo sutil y coordinado. Y nos permite disfrutar libremente la autoexpresión e interacción con el espacio, sin tensión ni brusquedad.

Además, las vibraciones generadas por las ondas sonoras de la *música*, combinadas con otros elementos adicionales como la socialización y júbilo que pueden ofrecer los bailes grupales, crean un resultado difícil de sobrepasar por cualquier otro tipo de ejercicio físico.

La danza nació con la raza humana, desde el principio de los tiempos, y no la podemos dejar morir. Disfrutemos los ritmos alegres y sintámonos sin miedo de mover la cabeza, hombros, brazos, cadera, piernas y demás músculos. No importa si somos chicos, grandes o viejos; hombres o mujeres; si estamos solos, en pareja o en grupo; en un salón, la casa o el baño… simplemente, bailemos.

- *LA NATACIÓN* también es una actividad que nació con nuestro instinto primitivo. El nadar no solamente estimula todas las partes del cuerpo con movimientos ordenados, simétricos y regulares, sino que nos obliga a respirar profundamente. Se debe practicar de una forma frecuente y suave.

Solamente pensemos en el beneficio que puede dar el nadar en el mar, donde se juntan aspectos estimulantes como el movimiento, agua, sol, sal, viento y arena. ¡Una mezcla más allá de lo excelente!

Como parte del movimiento, también quiero recomendar las caminatas. El acto de *CAMINAR* es, sin discusión alguna, la base de nuestro movimiento. El impacto que produce el piso sobre las terminaciones nerviosas ubicadas en las plantas de los pies, activa el resto del sistema nervioso, que recorre todo el organismo. Las imágenes de "Reflexología" muestran qué zonas del cuerpo se pueden activar al presionar diferentes puntos en las plantas.

El simple acto de caminar es un regalo incomparable de Dios a los humanos. Encontremos hermosos y aireados senderos para caminar, sin olvidar complementarlo con movimientos de cuello, hombros, brazos, espalda y caderas.

Recordemos, siempre, que el dinamismo se nos mandó como una gran herramienta para disfrutar, y *no* para torturar nuestro cuerpo. Y no importa qué actividad escojamos realizar —Yoga, Tai Chi, Pilates, Zumba, Jardinería o Malabarismo— debemos expresarnos libremente y dejarnos envolver por la fuerza vigorizadora de cualquier acción.

b) DESCANSO y DORMIR: El cuerpo es una máquina fantástica con tremendas capacidades de acción; pero, así como el movimiento es crucial para la vida, el descanso también lo es. Debemos aprender a darle "recreo" a nuestro cuerpo siempre que sea necesario *recargar* energías y restablecer el equilibrio. Dormir o descansar es la herramienta natural más poderosa para disminuir nuestra frecuencia cuando está vibrando en cualquier nivel creciente.

Y ya sea que elijamos un tiempo de ocio o un viaje a la "tierra de los sueños", convirtamos en un hábito saludable, el volver siempre a nuestro *estado original* de relajación y paz.

c) OXÍGENO: El universo es tan perfecto, que nos pone a disposición la vitalidad, solamente a través de una *aspiración*. Y es que el oxígeno que se encuentra en el aire es "energía pura" en estado gaseoso, y, con su alta vibración, aviva todo con lo que entra en contacto.

Para que se estimule la totalidad del organismo debemos acostumbrarnos a inhalar y exhalar de una manera apropiada, regular y precisa. Existen cientos de técnicas que nos permiten sacarle el mayor provecho al sencillo y natural acto de respirar, y debemos adoptar cualquiera de ellas como costumbre importante de vida.

Tengamos en cuenta que una buena *inspiración,* es mucho más poderosa que cualquier otro estimulante.

d) SOL: A pesar de que hoy en día hay tanta información tratando de mostrar El Sol como nuestro enemigo, la verdad es que las ondas solares, de luz y calor, son *indispensables* e *irremplazables* para nuestro sistema físico.

La frecuencia corporal cambia dependiendo de la hora del día en la que estemos. El medio día nos ofrece un estímulo mayor que el de la mañana o la tarde, y durante las noches, la vibración corporal baja naturalmente al no tener el incentivo del "gordito amarillo". Las radiaciones solares aumentan las vibraciones y excitan nuestra materia.

Del mismo modo, la privación del sol, por un tiempo prolongado, nos puede afectar enormemente. Por ejemplo, las personas que por diferentes condiciones se mantienen bajo techo, sin tener contacto directo con la luz solar, son propensas a deprimir su energía y a entrar en estados negativos físicos y emocionales. Por esto, en países que enfrentan extensos períodos de invierno, es tan común, que muchos de sus habitantes presenten síntomas de Depresión, al pasar tantos meses sin una activación energética suficiente.

El Sol es el incitador energético más fuerte que podamos encontrar, y tenemos que recibirlo diariamente. Pero, aunque no podemos privarnos de sus vivificantes beneficios, tampoco debemos excedernos a su exposición, pues, también, trae consecuencias nocivas.

Utilicemos equilibradamente este "brillante obsequio universal" con mucha gratitud y alegría.

e) AGUA: Es común escuchar la importancia de tomar una buena cantidad de agua para mantenernos sanos. ¡Y no es para menos!

Este insustituible y preciado líquido abarca del 70 al 85 por ciento de nuestro cuerpo. No solo es conocido por su capacidad para transportar los nutrientes y fluidos, además de expulsar las toxinas, sino que, al ser un elemento *conductor* de energía, le permite a nuestro organismo manifestar la cualidad *eléctrica*.

Hidratar el cuerpo es sumamente importante, pero regular el consumo de agua también lo es. Niveles bajos de agua interrumpen la conductividad eléctrica, bloqueando a su vez la información que debe llegar a las células. Por otro lado, altos niveles de agua, sobrecargan el cuerpo, arrastrándolo a sufrir trastornos y en algunos casos incluso a la muerte.

Mantengamos el hábito de tomar agua, especialmente en las primeras horas de la mañana, por lo menos media hora antes de consumir cualquier alimento. Saquémosle provecho a este "regalo universal" que soporta la sobrevivencia nuestra… la sobrevivencia del planeta entero.

f) ELEMENTOS NATURALES: Cada uno de los *elementos* que conforman el mundo material produce un impulso, único y exclusivo, para las diferentes partes de nuestro sistema físico.

Agua, tierra, fuego, aire, alimentos, plantas, minerales, cristales, animales y todos los demás componentes de la naturaleza pueden *subir* o *bajar* nuestra frecuencia corporal en momentos determinados. Dependiendo del nivel vibratorio que cada uno de ellos maneje, la intensidad del estímulo y la cantidad de tiempo que estemos en contacto con ellos, nos brindarán sensaciones *positivas o negativas*, respectivamente.

Es imposible extenderme en este tema, pues es supremamente extenso. Por ello, voy a dar unos *pocos* ejemplos que, al menos, proporcionen una idea general de cómo interactuamos con los elementos naturales que nos rodean.

Si existe algo que influya decisivamente en la buena o mala condición del cuerpo humano es la gama de los *alimentos*. Sin embargo, históricamente hablando, la llamada "dieta alimenticia" es otro de los campos que se ha distorsionando en la mayoría de las culturas, por no decir que en todas.

Nos acostumbramos a alimentarnos de una manera inconsciente, sin percatarnos de cuáles son los alimentos que suben nuestras vibraciones, y cuáles son los que la bajan. Qué víveres son los apropiados para consumir dependiendo de nuestra edad, estilo de trabajo, la hora del día o el clima de la región en que habitamos.

Todo este mal uso de los alimentos, ha llevado a que la mayoría de personas cambien la frecuencia original del organismo y se acostumbren a vibrar en cualquiera de los Espacios Frecuenciales. Generalizando *enfermedades y dolencias* que siguen afectando la población mundial.

Los beneficios de un alimento pueden variar según cómo y cuándo se use. Si el cuerpo está bajo en energía, se deben consumir productos de vibración alta, para que nos estimulen y estabilicen. Por el contrario, si estamos sobre-exaltados y la energía la tenemos vibrando en un grado muy elevado, entonces, es bueno buscar nutrientes de carga más baja para que degraden un poco nuestra frecuencia.

Por ejemplo, tomar café –sustancia de vibración muy alta– genera un efecto estimulante en personas inactivas, pero, puede sobrepasar nocivamente la energía de aquellos hiperactivos. Además, la cafeína causa un efecto menos fuerte en las primeras horas de la mañana, cuando el organismo está en reposo, que al *medio día,* cuando, ya de por sí, el cuerpo está internamente más elevado en sus ondas energéticas.

Muchos alimentos que bajan la frecuencia energética (como: azucares industriales, harinas, grasas, alimentos procesados, vino rojo y otros) pueden, en ciertos momentos, hacer sentir *peor* a las personas Depresivas; pero, por el contrario, calmar la ansiedad de aquellos sobre-estimulados o estresados.

Por fortuna, actualmente, se están retomando filosofías milenarias que estudian los comestibles como agentes equilibradores. Según las diferentes corrientes, los alimentos se pueden clasificar en yin o yang, en fríos o calientes, en muchas o pocas calorías, en los que expanden la energía y los que la contraen. Se clasifican los productos según la frecuencia de sus colores y sabores. Se recomiendan, dependiendo de la hora del día, la estación del año o la temperatura a la que nos exponemos en el momento de consumirlos. Igualmente, se analiza la importancia de saber combinarlos unos con otros.

Una nutrición balanceada, y acorde con los ciclos corporales, es un arte que tenemos que aprender, pues, definitivamente, contribuye tanto en el buen desempeño de nuestra materia, como en un estado emocional estable.

Hay que tratar de coordinar todo lo que entra a nuestra boca para que nos proporcione la vitalidad adecuada, en el momento apropiado y en la cantidad correcta. De lo contrario, seguiremos siendo *prisioneros* de enfermedades, dolores y condiciones dañinas que entorpecen el bienestar.

Así, de un modo semejante, podemos seguir explorando las reacciones que el cuerpo presenta, cuando entra en contacto con otros elementos naturales, como, por ejemplo:

- Si nuestra vibración está muy baja, es mejor usar ropa blanca o de colores bien claros, para que tengamos un empujoncito energético; pues, el negro o tonos muy oscuros colaboran a que la frecuencia decrezca. Así mismo, los materiales orgánicos como la lana, seda o algodón generan más vibraciones que los sintéticos.

- Rodearnos de seres vivos, como animales domésticos, árboles, plantas y flores, puede ayudar muchísimo a cambiar la energía ambiental y nuestra energía corporal. Cada ser vivo posee una frecuencia única que nos estimula directa y particularmente.

- Pararnos descalzos sobre la tierra, el césped o la arena, induce mucha más energía a todas las terminaciones nerviosas de los pies, que si utilizamos zapatos con suelas de materiales aislantes como el caucho.

- Los cristales, piedras y minerales son compuestos que la Madre Naturaleza carga como unas *baterías o pilas*, ofreciéndonos un amplio y sorprendente espectro de estímulos. Eso sí, debemos buscar los que apropiadamente balanceen nuestra energía, y evitar aquellos que pueden causarnos interferencias molestas.

- Un salón pintado con un color frío, como el "verde manzana", difunde una sensación de reposo y tranquilidad. Diferente al sobre-estímulo que produciría un tono cálido, como el "rojo fuego".

- ¡Y no olvidemos algunas de las recetas de las abuelas! Como la utilización de un cubo de hielo (sustancia de oscilación baja o fría) para contrarrestar el aumento vibratorio desproporcionado producido por una quemadura en la piel. O quizás tomar un té o aromática, bien caliente, para dilatar el vientre que está comprimido por un cólico.

De todos modos, para aquellos deseosos de ampliar el tema, actualmente es bastante la información que se puede obtener en el mercado. El conocimiento acerca de los *usos terapéuticos* de aromas, colores, aceites, rayos de luz, cristales, hierbas, esencias florales y otros, brindan una herramienta eficiente en la manera de estabilizar nuestra energía física.

El "mal estado de salud" no es un requisito de nuestro destino ni, mucho menos, una prueba enviada por Dios, para que el ser humano aprenda lecciones. Más bien, es una circunstancia que *nosotros* como raza hemos generado debido al incorrecto uso de lo que diariamente comemos y bebemos, y de la pobre interacción que conservamos con el resto de los maravillosos agentes naturales.

Agrademos los sentidos y armonicemos nuestro cuerpo, utilizando de una forma real esa otra parte del gran *legado universal* que es La Naturaleza.

g) MÚSICA y CANTO: Junto con la Danza, estos dos aspectos han formado parte de la humanidad desde su comienzo, y son unas de las formas más comunes y placenteras de estimularnos.

Cuando cantamos, activamos considerablemente el cuerpo, pues las cuerdas vocales generan ondas internas, con la intensidad que dicten nuestros "vigorosos pulmones".

Además, las ondas vibratorias que causan el sonido, producido por la gran variedad de instrumentos musicales que existen, pueden *neutralizar* las corrientes energéticas en momentos dados. Escuchemos música suave cuando queramos calmar nuestra materia; o disfrutemos de ritmos alegres, con vibraciones altas, como las de los tambores, si nos sentimos apagados y anhelamos reactivarnos un poco. Y no olvidemos la excitación que pueden producir ciertas tonadas que traen recuerdos agradables, o el gozo cuando nos identificamos con las letras que les corresponden.

Las frecuencias rítmicas y armónicas son el lenguaje que permite sintonizarnos con el resto del universo; por esto, así tengamos una voz de "tarro", tenemos que cantar y dejarnos envolver por regocijantes melodías que eleven nuestra alma.

h) RISA: Otra de las lindas herramientas originales para acelerar nuestra esencia material.

Esta peculiar acción –que combina el aparato torácico, la garganta y los pulmones– crea vibraciones acompasadas y poderosas en el cuerpo. Sin contar, el provecho que obtenemos de la gran cantidad de aire que inhalamos en el instante de una *carcajada.*

Recordemos que la risa la podemos llevar a todas partes sin ocupar espacio, no se necesita manual de instrucciones para activarla, logramos disfrutarla estando solos o acompañados, y, lo mejor de todo, es que es un obsequio "gratuito" de nuestro Creador. Aunque se puede recurrir a ayudas particulares como la "Risoterapia", de la cual se ofrecen sesiones dirigidas.

Existen millones de motivos para llorar. Sin embargo, hay que optar por los que nos hacen reír... los que nos hacen vibrar.

i) RELACIONES AFECTIVAS: Los gestos íntimos como caricias, besos, abrazos o un buen masaje corporal, tienen un efecto bastante estimulante. No sólo porque empujan el corazón y el sistema nervioso a fluir con más fuerza, sino que además unifican las vibraciones producidas por dos o más personas.

Por ejemplo, el *acto sexual* es una de las actividades naturales del ser humano que más potencializa nuestra frecuencia, y que nos puede llevar a experimentar el punto máximo de bienestar o éxtasis, "así sea por unos pocos segundos". Por ello, no es de asombrarse que muchas culturas ancestrales (como la China y la Hindú) hicieran de la sexualidad todo un *arte* como medio para asegurar la salud y la prolongación de la vida.

Relacionémonos con gente amorosa, alegre, respetuosa y positiva, que nos contagien con su energía.

j) RESTAURACIÓN del AURA o CAMPO BIOENERGÉTICO: No deseo acabar esta sesión de *"sintonización natural"* sin mencionar la importancia de limpiar o reparar nuestro Campo Bioenergético o Aura, como medio para estimular el cuerpo físico.

Como ya vimos anteriormente, la energía se irradia fuera y alrededor de nuestro cuerpo central, creando un campo electromagnético que nos protege. No obstante, muchos aspectos pueden dañar la disposición, circulación y ritmo *natural* de este campo, colocando en peligro nuestra salud. Veamos algunos de estos aspectos:

- Si bajamos la frecuencia y vitalidad de nuestro cuerpo central, el Campo Bioenergético que lo rodea, es sentenciado a *encogerse* o *reducirse*. Como la llama de una vela cuando se va apagando. Esta circunstancia, nos vuelve vulnerables a energías externas, que pueden ser negativas. Además, de bajar nuestro sistema inmunológico.

- Impurezas ambientales de frecuencia baja (IAFB) –que se manifiestan en un rango vibracional fuera del espectro visual de los seres humanos– se *adhieren* al Campo Bionergético, bloqueando su fluir normal parcialmente, y a veces incluso totalmente. De la misma manera que mosquitos y suciedad se pegan en el vidrio de una bombilla, impidiéndole a los rayos de luz expandirse hacia el exterior y cumplir su función de iluminar; así mismo las IAFB forman zonas de sedimento en nuestro campo energético, cambiándole su flujo y evitándole su expansión.

Cuando el Aura está demasiando cargada de impurezas, proporcionalmente, va bajando la frecuencia de nuestro cuerpo central. Y como ya vimos, el mantener baja nuestra energía, cambia el buen desempaño de nuestro aparato físico.

- Las señales radiales, eléctricas, digitales y demás (generadas por aparatos de radio, televisores, teléfonos celulares, computadores, sistemas de internet, electrónicos, equipos médicos como rayos X y MRA, inclusive el campo magnético del planeta tierra) transmiten ondas de energía que pueden causar interrupciones en nuestro Campo Bioenergético.

Exactamente como sucede cuando estamos hablando por teléfono celular, y perdemos la conexión o escuchamos interferencias que dañan la comunicación.

Por todo ésto, es muy importante crear el hábito de limpiar y restaurar el Aura. Hoy en día, se utilizan muchos elementos que pueden dar un "empujoncito" a nuestra energía, tales como sonidos, magnetos, cristales, luces, meditación y otros. Sin embargo, el método más sencillo y efectivo, sin lugar a duda, es la ya nombrada e invaluable herramienta del *movimiento*.

Tengamos en cuenta que, cualquier dinámica que permita mover los brazos y piernas de una manera rítmica, simétrica, y en diferentes direcciones alrededor del cuerpo (como natación, Yoga, Thai-Chi o Qi-Gong), o que requiera que el cuerpo de *vueltas* en su propio eje (como en la danza), son potentes activadores y restauradores de todas las capas de nuestro campo electromagnético.

La fuerza que ejercen nuestras extremidades cuando las agitamos, tumban o desprenden todas las IAFB del campo magnético personal, avivando y dándole posibilidad de *expansión* a nuestra energía central. O cuando giramos el cuerpo con fuerza, sobre un solo punto, la *fuerza centrífuga* genera naturalmente la aceleración y propagación de la energía desde nuestro núcleo hacia afuera.

¿Qué más agradable que usar el movimiento, para fortalecer nuestro halo o "llama de vida"? (más información acerca del movimiento en el capítulo IV).

¡BUENO! Podría seguir nombrando cantidades de aspectos que sintonizan nuestra energía naturalmente, pero es difícil cubrirlos todos. Lo que sí quiero recordar, es que el *cuerpo físico* es el hogar temporal de nuestro ser y fue diseñado con el mayor grado de excelencia. Y está en nuestras manos mantenerlo en buenas condiciones, utilizando las herramientas innatas y externas, que nos ofrece el universo, para poder experimentar todas las maravillas del mundo material.

Para finalizar, quiero resaltar que una energía física equilibrada es el "boleto de entrada" para sintonizar el espacio energético propio de la Corriente Mental. Y, consecuentemente, será el "salvoconducto" para conectarnos con la Energía Espiritual. Así como sucesivamente aparecieron las tres corrientes esenciales en nuestro desarrollo; de un modo inverso irán decayendo, una por una, si la base de todo —el organismo físico— no es estable.

Si nuestro cuerpo se debilita, nuestra mente se desintoniza; y si la mente se desintoniza, nuestro espíritu pierde la posibilidad de conectarse.

"La vida es como un juego de vibraciones que nos da el privilegio de palpar, por medio del maravilloso *cascarón físico,* la infinita gama que compone el universo. Y el mantenernos bien estimulados, nos brindará un cuerpo digno de albergar una mente brillante y un espíritu altivo".

V
Nuestra Energía Mental

〜〜〜〜〜

La Energía Mental es la corriente universal que nos brinda, a los seres vivos evolucionarios, la materia prima necesaria para formar ideas y conceptos acerca de lo que experimenta el cuerpo físico. Además, de ser la generadora de nuestras *emociones.*

¡Otro obsequio, sin costo alguno, brindado por la esencia creadora!

Luego del nacimiento, y con estímulos externos, nuestra energía física debe seguir subiendo su frecuencia hasta un punto determinado, donde otra *chispa* se prende en nuestro "procesador de alto grado biotecnológico" o cerebro. Abriéndose, así, un segundo *portal* por donde nuestra mente comienza a percibir las *ondas invisibles* que transmite la Energía Universal Mental.

Por ésto, cuando estamos bebés, no es sino hasta los varios meses de edad –cuando el organismo está más desarrollado– que nuestro cerebro empieza a procesar las corrientes mentales. Permitiéndonos, primero, coger conciencia de nuestro propio cuerpo y discernir el entorno. Y posteriormente durante el crecimiento, y a medida que la vibración mental aumenta, asimilar información adicional que colabore tanto a nuestro desarrollo personal como a nuestro progreso social.

Es un proceso similar al que realiza un computador cuando se conecta a la red de *Internet*. Al principio aparece un esquema o ventana, que nos da acceso al sistema operativo básico del computador, preinstalado por la fábrica. Pero, después, abrimos *otra* ventana que nos permite buscar programas específicos y *descargarlos* a través de la llamada "Nube".

Comparativamente, después de que nuestro cuerpo se ha desarrollado con información preestablecida en nuestros genes, nuestra mente puede explorar y *bajar*, a gusto, cualquier dato o conocimiento adicional.

Debemos entender que el *conocimiento* siempre ha estado en el universo. Absolutamente toda la información concerniente al complicado tema de la existencia está *inscrita* en el Circuito Mental. El pasado, presente y futuro se encuentran a nuestra disposición en el momento que logremos sintonizarnos con esta gran "Memoria Celestial".

Los grandes genios, que se han adelantado cientos de años en dictámenes y ayudado a la evolución mundial en las distintas etapas de la historia, han mantenido, de alguna forma, un enlace directo con esta poderosa energía que se manifiesta en sus inquietas mentes.

Sin embargo, este fenómeno no es exclusivo para los genios. Equivocados estamos si creemos que la única vía para *aprender* acerca de todos los aspectos de la vida es a través de las enseñanzas dejadas por nuestros antecesores. No podemos negar que ellos dan testimonio del material que se ha *descargado* anteriormente, pero, debemos entender que cuando nos enlazamos correctamente con la "Mente Universal", abrimos el canal para asimilar juicios nuevos, y, siempre, más avanzados. Este proceso yo lo llamo *"aprendizaje intuitivo o meditativo"*, el cual he utilizado durante muchos años, para entender todo lo expresado en este libro.

"El Saber no se inventa; solamente se capta, se procesa y se interpreta. Y es por ésto que la inteligencia, astucia, perceptibilidad y creatividad no son necesariamente exclusivas de los más estudiados, sino de los mejor sintonizados".

¡Ahora bien! La Energía Universal Mental, además de ser la sustancia básica del intelecto, también es la generadora de nuestras *emociones*.

¡Sí! Asombrosamente cuando nuestro cerebro procesa la Mente Cósmica, se generan unos *efectos* en nuestro cuerpo físico, llamados *emociones o sentimientos.*

Como bio-antenas, cada uno de nuestros pensamientos, emite una onda vibratoria individual y distintiva, que se conecta con una frecuencia *análoga* transmitida por la Energía Mental. Entonces, la Energía Mental envía un impulso único como respuesta, que es recibido por nuestro cerebro y, consecuentemente, reproducido y amplificado hacia el interior del cuerpo físico, manifestando alguna emoción.

Parecido a cada tecla de un piano cuando es presionada y difunde un sonido que estimula el sistema auditivo particularmente. Cada idea que vibra en nuestra cabeza, toca una "tecla" en el cosmos, que genera un "tono" exclusivo para ser esparcido a través de nuestro "radio".

Así como la vista, oído, tacto, gusto y olfato son sentidos que perciben los variados estímulos materiales (calor, frío, duro, suave); el *pensamiento* es un *sexto* sentido, que nos facilita palpar las impresiones brindadas por la majestuosa Corriente Mental. Estas impresiones son las llamadas emociones –como alegría, seguridad, tranquilidad, amor, ternura, valor, entre otras.

La activación de nuestra energía física nos produce las *sensaciones*; la activación de nuestra energía mental, las *emociones*.

Por último, hay que tener en cuenta algo muy importante:

La Corriente Mental forma un espectro de información e impulsos que también son captados a través de un Espacio Frecuencial. Si estamos acoplados con ella, captaremos emisiones auténticas y placenteras. Pero, lastimosamente, si nuestra frecuencia mental se ve *poco estimulada* o, por el contrario, *sobresaltada*, comenzará a vibrar en cualquiera de los Espacios Decreciente o Creciente; dando como resultado pensamientos negativos y falsos, junto con sentimientos desagradables y malsanos.

Nuestra Energía Mental en Sintonización

El *intelecto* humano se construye de un modo gradual. Cuando nuestro *flujo mental* alcanza su Punto Óptimo de frecuencia o el 100% de su capacidad funcional, captamos la información necesaria que la Corriente Mental Universal ofrece, y nuestra mente se vuelve efectiva.

Cuando nuestra mente está sintonizada, somos capaces de identificar no solo nuestra personalidad, sino nuestras habilidades y talentos.

Empezamos a manejar la *lógica*, lo que favorece el desarrollo intelectual. La creatividad se incrementa, incitando nuestra inquieta naturaleza a seguir explorando y avanzando. Nos sentimos capaces de crear soluciones a los problemas y de sacar adelante cualquier meta. Contamos con buena memoria y capacidad para aprender. Formamos pensamientos positivos y estrategias claras en cuanto a las relaciones con los demás. Vamos entendiendo qué tenemos que hacer para mantener nuestros cuerpos saludables. En general, la mente se sostiene lúcida y activa, y ganamos sabiduría en el manejo de todos los aspectos de vida.

Vibraciones mentales *armónicas* aseguran una manera de *pensar* y *actuar* sobresaliente.

Fuera de esto, el mantener un volumen mental adecuado, nos brinda la oportunidad de sentir *emociones* estimulantes. Al percibirnos capacitados para enfrentar el mundo físico y obtener resultados acertados, ganamos autoestima, autocontrol y seguridad. Enfrentamos la vida con amor y pasión. Expresamos calma y optimismo, sin importar las situaciones difíciles que haya que enfrentar. Al crear *pensamientos positivos*, garantizamos una respuesta universal que hace fluir a través de nosotros la alegría, sinceridad, bondad, humor, respeto y, sobre todo, mucha paz interna.

Vibraciones mentales *armónicas* aseguran una manera de *sentir* agradable.

La *sintonía mental* es un requisito para dirigir nuestra razón, mejorar nuestras acciones y, definitivamente, deleitar nuestro corazón.

Nuestra Energía Mental en Desintonización

Recordemos que nuestra energía mental también se sale de su frecuencia óptima, por dos razones en especial: porque es *poco estimulada* o porque es *sobrestimulada.*

¡Veamos el *primer* caso! Así como, de un modo progresivo, la mente empezó a captar la información necesaria para el manejo del cuerpo, el entendimiento del entorno y la forma de sobrevivir; inversamente, se irán *borrando* los datos, uno a uno, a medida que el fluir de la "materia amarilla" va entrando en los niveles del Espacio Decreciente.

El "software" que un día construyó nuestro intelecto se va *desprogramando*, y la red de pensamiento comienza a fallar.

Mientras que las vibraciones mentales *bajan* lejos del Punto Óptimo, nuestros pensamientos se vuelven negativos y pesimistas, queramos o no. Los conceptos acerca de la vida se tornan confusos y distorsionados. Se nos dificulta el uso de la lógica, llevándonos a tomar decisiones equivocadas, que generan consecuencias absurdas. La creatividad comienza a desaparecer, haciéndonos incapaces de traer mejoras en el hogar, el trabajo o la sociedad. El aprendizaje requiere mucho esfuerzo, debido a la poca concentración y falta de memoria.

Cuando nuestro pensamiento vibra en negativo, igualmente nuestras *emociones* se tornan negativas. Hay pérdida de interés o placer en hacer cualquier actividad, pues no le vemos sentido a nada. Gracias a la incapacidad de encontrar soluciones a las dificultades, nos sentimos inseguros e incompetentes. Una sensación constante de ser "víctimas de la vida" nos empuja a mirar a nuestro alrededor y buscar a quién culpar por nuestros fracasos; y cuando no encontramos a quién incriminar, adoptamos una personalidad de frustración, sarcasmo, prevención y hasta agresividad. El miedo al cambio, nos lleva a aferrarnos firmemente a lo que ya está establecido, incapacitándonos para aventurarnos o tomar riesgos. Adoptamos un juicio muy bajo de nosotros mismos, lo que puede manifestarse en autorechazo, autocastigo e incluso autodestrucción. Constantemente, lidiamos con sentimientos de insensibilidad, desesperanza y depresión, sin justificación alguna.

El *segundo* escenario aparece si nuestra energía está vibrando en cualquier nivel del Espacio Creciente; demostrando condiciones a veces similares, pero casi siempre *opuestas*, a las manifestadas en los estados decrecientes.

Cuanto nuestra vibración mental está *sobreacelerada,* nuestros pensamientos se vuelven negativos y obsesivos, queramos o no. Le damos demasiadas vueltas a las situaciones en nuestra mente, generando confusión y preocupación. La alta producción de ideas, nos lleva a embarcarnos en más proyectos de los que podemos manejar, sintiéndonos abrumados y ansiosos. Nos obsesionamos con la perfección, yendo más allá de los límites razonables para ser "los mejores", aunque incluya crear serios conflictos con nosotros mismos o con los demás. También sentimos el afán de hacer las cosas aceleradamente, expresando impaciencia e intolerancia cuando otros no se mueven en la misma velocidad. Constantemente, mantenemos actitudes de irritabilidad, ansiedad y estrés, sin justificación alguna.

Para entender mejor que *"nuestra forma de pensar y sentir está totalmente determinada por el nivel del Espacio Frecuencial en que vibra nuestra energía mental, en un momento específico"*, permítanme ilustrar con un ejemplo:

Son las primeras horas de la mañana. En el salón del comedor, me encuentro sentada frente a mi pequeña hija, con el tiempo necesario para desayunar y llegar temprano al colegio. De repente, ella, con un movimiento involuntario, golpea el vaso de leche y éste se eleva en el aire hasta caer fuertemente, derramando el preciado líquido. Nuestra ropa, el mantel y el piso quedan empapados y pegajosos.

Si mi estado mental normalmente se sostiene en uno de los niveles *más bajos* del Espacio Decreciente, las circunstancias se tornarán poco agradables. El primer concepto que yo tomo del "escenario" es completamente negativo. Me siento irritada, el corazón se agita y la presión arterial se eleva. Miro a la niña con ojos inquisidores, pues, la veo como la causante de un acontecimiento que, para *mi mente,* es un gran problema. Se adicionan pensamientos pesimistas, como el esfuerzo que voy a tener que hacer para limpiar el reguero y lo tarde que vamos a salir. Lo más probable es que –sin pensar– regañare severamente a mi hija por lo torpe que ha sido, y ella a su vez, comience a llorar con un rostro temeroso.

El tiempo que empleo limpiando, peleando con la chiquita, que ya no quiere ir a ninguna parte, sintiéndome víctima de la vida y organizándome de sobremanera para lucir bien, nos demorará la partida. En el camino al colegio, me enojaré tanto con la gente que va menos rápido que nosotros, que usaré otros pocos de los escasos minutos restantes para pelear con quién se atraviese. Efectivamente, llegaremos tarde a nuestros destinos; y con seguridad contestaré de una manera explosiva y defensiva cuando mi jefe me reclame.

Toda esta cadena de acontecimientos adversos me hace sentir peor. Mis vibraciones, que ya bien bajas están, caerán a niveles mucho más bajos... niveles a los que nadie quiere llegar.

Ahora, si mi frecuencia se conserva a *medio camino* del Espacio Decreciente, la reacción será un poco menos extrema, pero seguirá siendo negativa.

Lo sucedido lo conceptualizo como un inconveniente, pero alcanzo a entender que no fue culpa de la pequeña. *Reprimo* mi ser interno para no gritar o demostrar mi gran enojo; sin embargo, utilizo comentarios con segunda intención, como: "¿Por qué me pasa ésto a mí? Ahora me van a regañar en el trabajo, pero, no te preocupes, no fue culpa tuya". El pensar que vamos a estar retrasadas, va creando angustia y, quizás, malestar en el estómago. Probablemente la mayoría de semáforos nos toquen en rojo o el transito esté bien congestionado, pero me siento incapaz de hacer algo al respecto. Y, en efecto, al llegar a la oficina, y tampoco tener la valentía de defenderme cuando el jefe me recuerde la falta que cometí por llegar tarde, aumentará la rabia y frustración.

Una parte de mi mente es consciente de que este estado no es el correcto; la otra parte, no lo es. Por lo que, durante todo el día, batallaré una *guerra interior* de mi lógica contra mis sentimientos. Mi vibración se mantiene en un *punto de tensión*, y me esfuerzo permanentemente por no pensar lo que pienso… por no sentir lo que siento.

En contraste, cuando la frecuencia se conserva en su *Punto Óptimo*, la situación lucirá muy distinta.

Todas mis reacciones se darán naturales, positivas y sin resistencia. Es muy probable que después del "tsunami de leche matutino" me salga una gran carcajada y contagie de risa a la chiquilla. Espontáneamente aparecerán ideas alegres, como hacer una guerra de leche y luego una competencia para ver quién limpia y se cambia la ropa primero. La niña se moverá más rápido que nunca, y volver a organizarme, será cuestión de minutos. Aunque parezca mentira, lo más probable es que el tráfico esté fluido y tengamos la fortuna de tener luz verde en gran parte de las intersecciones. Mi hija se quedará feliz en su escuela. Y después de llegar, a tiempo, al trabajo, en vez de recibir una reprimenda, más bien compartiré con mis compañeros, la estimulante mañana que he tenido.

Todo el evento *fluye* de una manera satisfactoria. Mi vibración se mantiene en la frecuencia correcta, donde mi mente está positiva y dispuesta… donde mi mente se desenvuelve en resonancia con las características del universo.

En conclusión, el problema no es que la niña haya regado la leche; el problema se genera dependiendo del *nivel de vibración* en el que, yo, *conceptualizo* la situación.

"Entre más desintonizada esté nuestra energía mental, más nublada se torna la capacidad de entendimiento, más desfigurado se presenta el estado emocional y más incorrectos son nuestras actuaciones, independientemente de las circunstancias".

Cada paso que damos fuera de sintonía, hace que perdamos un aspecto positivo de nuestra esencia original, y ganemos uno negativo. Y, desafortunadamente, los comportamientos mentales y emocionales *erróneos,* se convierten en nuestra costumbre... nuestro hábito... nuestro estilo de vida.

Herramientas Naturales para Sintonizar Nuestra Mente o Energía Mental

Afortunadamente, hoy en día, se ha ido adquiriendo conciencia de la importancia de cuidar el cuerpo físico. Pero no todo el mundo tiene en cuenta que, *el cerebro* también debe ser "ajustado" constantemente, para evitar problemas mentales y emocionales.

Independientemente de lo que hagamos con nuestra energía física, también debemos *sintonizar* y *modular* nuestra energía mental. Recordemos que, si nuestra mente está vibrando en cualquier nivel del Espacio Decreciente, tenemos que *activarla* hasta el Punto Óptimo. O si nuestra mente está vibrando en cualquier nivel del Espacio Creciente, tenemos que *relajarla* hasta llegar al punto medio de equilibrio.

Para obtener ese balance, contamos con *otras* muchas herramientas, distintas a las que sintonizan la materia física. Y, de nuevo, aunque parezcan muy *sencillas* y *naturales*, no podemos subvalorar ni subestimar el poder que ellas albergan para transformar nuestras costumbres de pensar, sentir y actuar.

Veamos algunas de estas herramientas para *sintonizar naturalmente* nuestra energía mental:

a) ENERGÍA FÍSICA en EQUILIBRIO: Como ya mencioné, aunque las corrientes física, mental y espiritual son individuales, al mismo tiempo se correlacionan. Por ello cuando el cuerpo físico baja o sube demasiado su frecuencia energética, como consecuencia, puede *arrastrar* nuestra corriente mental a vibrar en su propio Espacio Frecuencial.

El conservar un cuerpo sano y activo es el *primer paso* para poner en sintonización la mente, de lo contrario, tendremos que esforzarnos el doble, para conservar un proceso mental favorable. (En el capítulo anterior se encuentran las formas de sintonizar nuestra energía física).

b) PENSAMIENTOS POSITIVOS: El acto de razonar positivamente es parte de nuestras características congénitas, y nos acompaña desde la infancia, en el primer instante que la Corriente Universal Mental entra a fluir en el cerebro.

Desafortunadamente, en un mundo tan confundido como el nuestro, pensar en afirmativo es bastante difícil de sostener, siendo muchos los aspectos que empujan nuestro flujo racional a caer en espacios negativos, de una u otra manera. Sin embargo, retomar la actitud *original* del intelecto, de vibrar en positivo, es más fácil de lo que nos imaginamos. En la actualidad, se puede encontrar cantidad de material que promueve el positivismo y control mental –como libros, videos, audibles, música, entre otros– y podemos escoger aquellos que brinden buenos resultados y, especialmente, placer. Pero, quiero hablar de una herramienta que, para mí, tiene los resultados *más efectivos,* cuando de optimización mental y emocional se refiere: *la meditación.*

"Meditación" es un término utilizado para nombrar las variadas técnicas con que el ser humano logra crear vibraciones cerebrales *análogas* a las emitidas por la gran Corriente Universal Mental.

A lo largo de la historia de nuestra civilización, casi todas las culturas han desarrollado métodos o disciplinas propias, de concentración y recogimiento, para lograr contacto con las estancias universales más altas. Muchas de estas prácticas se siguen utilizando actualmente, con las que los practicantes –a través de relajación corporal y contemplación en algo particular como objetos, imágenes, sensaciones, afirmaciones, o simplemente el vacío– experimentan una apertura de consciencia, que los lleva no solo a armonizar su ser, sino a sentirse parte de un gran sistema universal.

A pesar de que la mayoría de las técnicas de meditación son altamente efectivas, quiero recomendar la *"Radio-Meditación"* **(*)**.

(*) Más información acerca de la Radio-Meditación y cómo practicarla, en el Apéndice, al final de este libro, página #153.
O en:
www.gaviriapatricia.blogspot.com
www.youtube/user/moviendoenergías

- *RADIO-MEDITACIÓN* es una dinámica creada por mí, en el 2004, y fue la que realmente me ayudó a salir del "hueco oscuro de la Depresión", en el que estuve sumergida por más de veinticinco años. Además, hoy en día, sigue siendo el instrumento más importante, para mantenerme física, mental, emocional y espiritualmente estable.

El nombre y la estructura de esta dinámica se basan en el postulado central de este libro, que, como ya sabemos, dice que somos *radios biológicos.* Así, al ser receptores y transmisores de energía, capaces de sintonizar las "emisoras" universales que escojamos; si generamos, con nuestra mente, vibraciones *análogas* a las que produce el universo, o sea *positivas*, inmediatamente captaremos información y emociones, igualmente positivas, a través de nuestro ser.

Si nuestra mente genera *palabras o frases claves*, la Mente Cósmica devuelve exactamente éso que proyectamos. Al difundir vibraciones de sabiduría, obtendremos respuestas sabias.

Al pensar en felicidad, percibiremos alegría y no tristeza. Al visualizar imágenes de paz, ello mismo sentiremos. Y si el deseo es experimentar cualquier término *positivo,* que encontremos en el diccionario (creatividad, entendimiento, amor, seguridad, fortaleza, salud, prosperidad, armonía, realización), nuestra "antena o mente" debe *producir* esas mismas frecuencias.

La Radio-Meditación ayuda a *reprogramar* eficazmente nuestra manera de pensar y sentir. Pero, independientemente de si eliges, mi querido lector, la Radio-Meditación o cualquier otra clase de meditar, has de la *meditación* el "gimnasio" para que tu mente se mantenga sintonizada.

El *pensamiento positivo* nos hace "asociados" de los beneficios ofrecidos por Dios; el *pensamiento negativo* nos transforma en "cómplices" de la confusión, sufrimiento, ineficacia y desconexión de nuestra real naturaleza.

c) LA LÓGICA: En este contexto, digamos que la lógica es el uso del razonamiento analítico, y acciones coordinadas, para lograr un resultado esperado. Y es otra herramienta *innata* de nuestra especie que nos ayuda a crear vibraciones mentales *equivalentes* a las emitidas por la Energía Universal Mental.

Cientos de labores, amenas y prácticas – muchas de ellas rezagadas por los tiempos modernos– fomentan el sostener fija la atención en algún proceso mecánico. Donde no solamente se incita la observación, concentración y capacidad de discernir y construir en forma lógica; sino que, generalmente, también pueden ser un elemento clave para socializar con familiares o amigos. Nombremos algunas:

- Armar Rompecabezas
- Llenar Crucigramas
- Coser, Bordar o Tejer
- Hacer Manualidades en diferentes materiales como cerámica, vidrio, madera, papel, plastilina, tela, etc.
- Juegos de Mesa como Ajedrez o Naipes
- Juegos con Piezas para Ensamblar y Construir
- Actividades Matemáticas o Numéricas
- Colorear Libros para Niños o Adultos.
- Memorizar Versos, Trabalenguas o Adivinanzas
En fin, cualquier función ingeniosa que nos ponga a trabajar el "coco".

El universo es lógico, coordinado, exacto, preciso; y el uso frecuente del *razonamiento lógico* nos sintoniza con estos valiosos atributos.

d) DIBUJO, PINTURA y ESCULTURA: Artes que tampoco se escapan de formar parte del legado universal para la especie humana.

El proceso de observar, diseñar y construir algún proyecto que conjugue líneas, formas, composición y balance, no sólo nos lleva a utilizar la autoexpresión y obtener un resultado visible, sino que pone a vibrar nuestro cerebro a niveles muy favorables.

Desarrollemos la habilidad de esfumar un carboncillo sobre espacios vírgenes, para darle imagen a los pensamientos. Juguemos con las texturas, materiales y colores, para expresar lo que nuestro corazón anhela. Dejémonos embriagar por la esencia del escenario donde se desarrolla la existencia: *la belleza*.

¡Qué puede ser mejor para nuestro placer mental y emocional!

e) *TOCAR INSTRUMENTOS MUSICALES:*

La acción de transmitir sonidos a través de artefactos es una inclinación ancestral humana, porque el *sonido armónico* es otro lenguaje que nos sintoniza con el universo.

El proceso, lógico y coordinado, que deben tener las diferentes partes de nuestro cuerpo para activar un instrumento –junto con la variada escala de ondas sonoras que son emitidas por éste– nos estimula *cerebralmente* y cambia nuestra frecuencia energética. De la misma manera, que el eco de nuestra voz estimula el cuerpo; cada sonido armónico producido por cualquier instrumento posee una *frecuencia única* y crea un impacto particular en nuestra materia.

Alrededor del mundo existen miles de instrumentos que, como ya dijimos, al ser combinados con el canto y la danza, pueden ser una "medicina" muchísimo más efectiva que los fármacos.

Escojamos instrumentos que produzcan sonidos placenteros, y nos sirva como terapia para concentrar la mente y deleitar el alma.

f) ESCRITURA y LECTURA: Transcribir signos o símbolos racional y regularmente, y además leerlos, es un *instinto* humano natural, desde el principio de los tiempos, y una herramienta poderosa para la sintonización mental.

Probado científicamente, la escritura y la lectura son unas de las principales actividades para la estimulación cerebral. Mejoran el flujo de energía mental, desarrollan el razonamiento lógico para aprender, despiertan la imaginación y nos muestran diferentes perspectivas sobre la vida. Pero a pesar de que estas herramientas son otras contribuciones invaluables para la humanidad, desafortunadamente se han convertido en prácticas demasiado comunes y con frecuencia se usan de forma inapropiada.

Somos vulnerables a los medios de comunicación masivos, que promueven principalmente los aspectos más bajos de la sociedad. Por esto, casi siempre, consumimos más información negativa, que positiva. Sobrexponemos nuestras mentes a todo lo que la sociedad nos da para leer y ver, sin escrutinio alguno. Y es una práctica común en nuestras culturas el hablar centrándose en los problemas y en el lado negativo de las cosas.

Así como decidimos qué comer o vestir con respecto a nuestros cuerpos, también debemos *elegir* cuidadosamente qué leer, escribir y escuchar, en beneficio de nuestras mentes. La escritura y la lectura son fundamentos culturales y patrimonio sagrado que promueve la evolución de todas las razas.

Entonces tratemos de ponernos en contacto con información positiva y *motivadora* que establezca nuestra frecuencia en resonancia con el universo, evitando aquellas cosas que sentencian nuestra energía mental y emocional a manifestar lo más bajo de nuestra naturaleza humana.

g) HABLAR o CONVERSAR: La comunicación oral es otro instinto humano, crucial para nuestro desarrollo intelectual. Cuando hablamos, no sólo cada palabra activa una parte específica de nuestro cerebro, sino que, al mismo tiempo, el sonido de nuestra voz genera vibraciones *dentro* del cuerpo.

La frecuencia del sonido de *nuestra voz* es *única* en todo el universo; es la "huella digital" de nuestra energía, y lo que muchos podrían llamar como "mantra". Y no existe ningún sonido, en toda la gama sonora, que nos lleve de vuelta a nuestra frecuencia original de vibración, como lo consigue hacer nuestra propia "entonación" cuando está enmarcada en la *expresión oral*.

Hablar nos ayuda a expresar nuestros conceptos de vida, y es indispensable para la interacción social y afinación mental. Utilicemos lenguajes *constructivos* y *positivos* que nos permitan *resonar* con los sonidos del universo.

Para finalizar el tema principal, tengamos en cuenta que para conectarnos con el "majestuoso circuito amarillo" o la gran Mente Cósmica hay que cumplir con *tres* requisitos:

1- Debemos anhelar vibrar con ella. Solo a través de nuestra opción o deseo sincero, logramos conectarnos.

2- Tenemos que adoptar hábitos adecuados que mantengan nuestra mente en sintonía con ella.

3- Debemos darle paso libre a todos los datos y emociones enviadas por ella.

Cada vez que tenemos una aspiración legítima, alguna parte del espectro cósmico infinito resuena dentro de nosotros. No tenemos que luchar contra pensamientos irracionales y sentimientos negativos; sólo tenemos que dejar que los lógicos y positivos se manifiesten.

Así como cada tecla de piano permanece en silencio, y solo manifiesta el sonido al ser estimulada por nuestros dedos; del mismo modo, el universo espera pasivo, pero atento, hasta que decidimos activarlo y recibir, *por efecto*, sus hermosas melodías.

Sumado a todo ésto, tengamos en cuenta que, una mente sana y equilibrada es la única capaz de crear vibraciones acertadas para que *posteriormente* la Energía Espiritual circule... la única capaz de abrir el diálogo con la "voz divina" que vive dentro de nosotros y espera pacientemente ser escuchada.

"Gracias a la maravillosa Mente Universal se nos brinda el honor de captar información y sentir sensaciones *más allá* del mundo material, y el privilegio de ser conscientes de nuestra propia existencia. Además, el mantener nuestra mente sintonizada, es la "llave" exclusiva para abrir la "puerta" que nos conduce, más adelante, a la espiritualización o evolución como seres eternos".

VI
Nuestra
Energía Espiritual

La Energía Espiritual es la corriente básica que sirve como canal cósmico para captar datos y emociones con frecuencias vibratorias mucho *más elevadas* que las que manejan nuestra materia física y mental.

En condiciones normales de la persona, no es sino hasta los cinco o seis años de edad –cuando nuestra energía mental llega a cierto punto de frecuencia– que se abre una *tercera* "ventana" para darle paso a la "corriente azul". Es crucial entender que la conexión con esta energía divina es *opcional* para nosotros. El ser humano necesita un cuerpo y una mente para existir en el mundo físico, pero, el uso de "beneficios espirituales" depende enteramente de cada persona a través de su *libre albedrio*.

El que tengamos "energía divina" como nuestra materia prima, *no asegura* o no da por hecho, la futura conexión que podamos lograr con información más elevada, necesaria para nuestra evolución espiritual.

Ahora, cada vez que decidimos confiar, de todo corazón, en el poder de la Energía Espiritual, ella nos proporciona tres aspectos principales:

1- Inspira nuestras decisiones, instando a nuestra razón a tomar *decisiones morales* y a cuestionar qué consecuencias positivas o negativas tienen nuestras acciones. Manifestamos menos instinto animal y desarrollamos más intuición y conciencia humanista.

2- Nos envía sensaciones con unas frecuencias más fuertes que las producidas por las otras dos energías primarias. Estas emociones *superiores o supremas* son llamadas "valores", y facilitan especialmente la interacción con los demás. Así, tenemos la libertad absoluta de experimentar el amor, respeto, compasión, bondad, lealtad, nobleza, honestidad, fortaleza. O, por el contrario, de alejarnos de la esencia central y experimentar el odio, desconsideración, egoísmo, temor, envidia, rabia, vanidad, soberbia.

3- Y a todos los privilegios que recibimos a través del Circuito Espiritual, podemos adicionar quizás el más importante. La oportunidad de entrar en *contacto* con el regalo más preciado que ganamos los seres universales evolutivos: *El Ajustador del Pensamiento o Monitor Divino* (*).

El Ajustador del Pensamiento es una parte extendida de la energía de Dios, que llega a la mente de cada ser humano durante nuestra niñez. Esta "chispa de energía divina" sirve como *transmisor-mediador* entre la divinidad y nosotros, creando un diálogo interno con cada persona en la que habita.

El Ajustador del Pensamiento es la herramienta más avanzada para modificar el pensamiento o despertar nuestra consciencia, mejorando nuestra percepción de la vida y aclarando nuestro propósito de existencia. Esta "voz interna" viene para servir, en privado, como director o guía durante nuestro viaje a un destino paradisíaco. Sin embargo, espera pacientemente ser *activado* por el socio humano que tiene capacidad mental y voluntad de "escuchar" su sabiduría.

El cerebro es el mecanismo que nos ayuda a procesar la corriente mental; el Ajustador o Monitor Divino es el mecanismo que nos ayuda a procesar la corriente espiritual.

El cuerpo junto con la mente dan vida a la personalidad, única, de cada individuo. Y la personalidad junto con el espíritu forman el alma; toque final que nos diferencia del resto de seres vivos en nuestro planeta.

(*) Más información en los libros "Lo Último en Tecnología Divina: Los Ajustadores de Pensamiento -por Patricia Gaviria" www.amazon.com/author/patriciagaviria y "El Libro de Urantia"   www.urantia.org

Podemos sobrevivir al mundo físico con sólo un cuerpo y una mente, pero *no* podemos continuar nuestra existencia en reinos más allá del material, sin espíritu.

Nuestra Energía Espiritual en Sintonización

Nuestra energía mental debe fluir en un volumen específico para generar una atmósfera apropiada donde pueda nacer la "chispa espiritual". Y ésta, a su vez, necesita también ser estimulada continuamente, para preservar todos sus atributos y evitar caer en rangos de frecuencia negativos.

La sintonización del *espíritu* es el elemento primordial para pasar de un estado animal instintivo y de simple sobrevivencia físico-mental, a otro, donde nos convertimos en individuos mucho más evolucionados y conscientes de nuestra esencia divina.

Cuando se alcanza el Punto Óptimo espiritual, experimentamos una fuerza de *atracción* más allá de todo lo conocido, que, aunque invisible e incomprensible, nos alienta a mantenernos vivos y continuar nuestro progreso. Nos da la sensación de pertenecer a un sistema inmenso que necesita de nuestra individualidad para existir como una totalidad. Cuando estamos espiritualmente en sintonía, es posible la comunicación directa entre nuestro intelecto y el Monitor Divino; esa "vocecita celestial" que susurra en nuestro interior, y, poco a poco, ajusta nuestra conciencia con conceptos verdaderos, borrando falsas concepciones, adquiridas durante nuestro crecimiento. Nos muestra cómo lograr autoconocimiento, autoestima y autocontrol. Y despierta la intuición, la cual nos da las pautas para saber cuál es el mejor camino a seguir en el desarrollo de nuestra vida.

Estar conectados con la Energía Espiritual nos hace experimentar *los valores,* ayudándonos a tener una relación más compasiva y honesta con el resto del mundo. El servicio social se convierte en nuestro verdadero sentido de existencia. Encontramos fortaleza para disputar, mejorar o cambiar aspectos de la sociedad que consideramos inapropiados. Nos da el valor de seguir rutas de éxito, productividad y satisfacción.

El vibrar con la Energía Universal Espiritual nos da una sensación de tener una *compañía sabia,* que brinda las palabras y emociones adecuadas en situaciones de confusión y desesperanza. Un impulso que promueve la "fe" en DIOS, creador de una vida digna para cualquier ser que *escoge* continuar el largo recorrido hacia la esencia creadora.

Si nuestra *mente* no está en condiciones óptimas, con una comprensión racional adecuada, es imposible experimentar los efectos de la Energía Espiritual. Y es sólo a través de la *sintonía espiritual* que nuestra *alma* evoluciona.

Nuestra Energía Espiritual en Desintonización

Igual que nuestras energías física y mental, si nuestra corriente espiritual es pobremente activada o, por el contrario, es sobrestimulada, comenzaremos a vibrar en los espacios Decreciente o Creciente respectivamente, y nos perderemos de todos sus grandiosos beneficios.

Y es a medida que nos "desintonizamos" que vamos perdiendo gradualmente la sensibilidad de esa *fuerza de gravedad* que nos atrae hacia la esencia central del universo, y cuanto menos sentimos, menos creemos. Siempre hay la impresión de que algo falta dentro de nosotros, generando sentimientos de vacío, soledad y desesperanza. La necesidad, y a veces la obsesión, de pertenecer a algo aparece, sintiéndonos frustrado si no encontramos un lugar en la sociedad donde encajar. Y como tenemos tantas dudas sobre el propósito de la existencia, nuestra *fe* se derrumba.

Cuando nuestro fundamento espiritual es débil, es difícil establecer comunicación con nuestro Ajustador del Pensamiento, perdiendo su valiosa ayuda y apartándonos del camino preparado por el universo como nuestro glorioso destino. A medida que las emociones altruistas disminuyen, los sentimientos negativos cobran vida, uno por uno; convirtiéndonos en prisioneros del odio, celos, intolerancia, codicia, envidia y muchas otras vibraciones bajas que atormentan nuestra alma. Así mismo, asumimos personalidades inseguras y pesimistas, y caemos en comportamientos inadecuados que nos hacen vivir una vida lejos de lo que esperamos.

En el otro extremo, si estimulamos *demasiado* nuestra energía espiritual podemos llegar a saturarla, creando una "espiritualidad falsa". Así, ansiosos por *creer* en algo, nos volvemos obsesivos y fanáticos de nuestras creencias. Distorsionamos los valores altruistas; por ejemplo, la sumisión se confunde con la bondad cuando tratamos de ser buenos y ser aceptados por los demás, incluso si eso incluye perder nuestra identidad o dignidad. Nos apoyamos extremadamente en otros buscando amor y seguridad. Pensamos que, siguiendo incondicionalmente las teologías establecidas, alcanzaremos una conexión real con lo divino; por lo tanto, damos atributos divinos a los líderes religiosos de carne y hueso, que parecen más realistas a nuestra percepción, o adoptamos comportamientos radicales que defienden esas doctrinas.

Mientras la conexión espiritual esté fuera de sintonía, la eficiencia de nuestro *libre albedrio* se ve comprometida, y nuestra evolución como seres universales se va interrumpiendo.

Veamos una linda analogía, que nos ayude a entender mejor.

Imaginemos que nos encontramos parados al frente de un *sendero* amplio y largo en su recorrido. Tan extenso que se pierde en el horizonte y es imposible ver el punto donde termina. A nuestro lado hay una caja de madera en el piso, y al abrirla, encontramos dos cosas: una *carta* y un artefacto parecido a un pequeño *radio portátil*.

La carta dice lo siguiente:

"Hola:

Bienvenida(o) al maravilloso mundo de tu existencia. Soy el que doy comienzo a toda la creación, e igual, soy la recta final de todos los seres evolutivos del tiempo y el espacio. Soy la perfección, la plenitud y la eternidad.

Como podrás observar, en frente tuyo hay un lindo camino construido exclusivamente para ti, que se despliega directo hacia mi morada. Si decides recorrerlo, debo advertirte que el trayecto es bastante extenso, pero lleno de elementos enriquecedores y gratificantes. Así puedes empezar tu aventura, con la certeza que, después de haberte deleitado con el viaje, estarás a las puertas de compartir conmigo la esencia divina de toda la creación.

Observa, muy bien, lo que hay a las orillas de la llana avenida. A lado y lado, en el terreno adyacente, se despliegan dos grandes selvas, espesas y difíciles de penetrar; que acompañan la vía central hasta el final de su recorrido y serán parte del paisaje durante tu travesía.

Mientras mantengas tu paso sobre la ruta trazada, vas a experimentar una diversidad incesante de oportunidades para construir tu personalidad e ir desarrollando, cada vez más, características de perfección. Tendrás momentos propicios para exaltar todas tus aptitudes y habilidades. Lograrás una vida llena de propósito y realización. Los sueños serán asequibles; los triunfos fáciles de conseguir. Te encontrarás con seres también deseosos de recorrer este camino, llenos de alegría y entusiasmo; además, de un ambiente general de belleza, armonía y resplandor. Y cuando mires hacia adelante, y falte mucha distancia por recorrer, sabrás que, si continúas el paso con confianza, algún día llegarás a tu recta final.

¡Tu recorrido se dará ágil, tranquilo y confortable!

Desafortunadamente, si por decisión propia o por circunstancias ajenas a ti, te ves arrastrada(o) a caminar hacia alguna de las orillas y adentrarte en el confuso ambiente de la jungla; el panorama será muy distinto. Te enfrentarás a un medio oscuro, malsano, enmarañado y difícil de transitar, donde no hay senderos marcados ni horizonte. Constantemente tendrás que tumbar los matorrales para progresar, pero nunca habrá un despeje suficiente, que te permita aligerar el paso. Los sueños serán inasequibles; los triunfos casi imposibles de conseguir. Además, encontrarás alrededor individuos igualmente cansados, afligidos, perdidos y faltos de esperanza; ya que ninguno logra tener certeza de cuál es la dirección correcta para salir de este terreno que los asfixia.

¡Tu recorrido se dará lento, doloroso y agotador!

Ahora, quiero que observes el otro elemento que se encuentra en la caja. Es una increíble herramienta de naturaleza espiritual divina, y el regalo más preciado que puedo darte. Este dispositivo, con una de las más altas tecnologías del universo, tiene la capacidad de recibir y transmitir señales, como un pequeño aparato de radio-comunicación. Con él, yo, podré oír todo lo que tú tengas para decirme... y, tú, podrás escuchar todo lo que yo tenga para responderte.

Si anhelas una guía eficiente o necesitas una voz de consuelo, recuerda que, durante todo el viaje, tus inquietudes y preguntas serán atendidas. Pero existe una sola condición: mantener el "radiecito" encendido y sintonizado. De lo contrario, en el momento que tu mente pierda contacto con este eficiente "procesador interno", dejarás de captar mi mensaje y quedarás sola(o) en tu travesía.

No importa si alguien te empuja o un fuerte vendaval te tumba, o si es el propio deseo de aventura lo que te arrastra a salirte de tu curso. Ten presente que mientras el pequeño transistor esté funcionando, siempre tendrás la brújula y la claridad total para retomar el hermoso camino que preparé especialmente para ti.

Yo soy tu destino. Tú eres el piloto. El Monitor Divino, tu copiloto. La larga avenida, tu ruta. Y las selvas circundantes, tu opción.
¡Tú decides!".

En conclusión, el desintonizarnos de la Energía Universal Espiritual nos crea la sensación de que somos un elemento suelto del universo, vagando sin control. Cuando no hay comunicación con la suprema voz interna, nuestro espíritu se extravía... nuestro corazón entristece... y nuestra alma se va desprendiendo de su esencia.

Herramientas Naturales para Sintonizar Nuestro Espíritu o Energía Espiritual

Después de equilibrar nuestro cuerpo y mente, debemos afinar nuestro espíritu, para finalmente cerrar el "círculo de bienestar".

Veamos algunas herramientas esenciales para *sintonizar naturalmente* nuestra energía espiritual:

a) ENERGÍA FÍSICA y MENTAL en EQUILIBRIO: El primer requisito para entrar fácilmente en sintonía con la Corriente Universal Espiritual, es mantener el cuerpo y la mente en excelentes condiciones.

Ya se sabe que, si nuestro fluir físico y mental se encuentran demasiado desfasados de su punto de sintonización, podrán –*como efecto*– arrastrar a nuestra energía espiritual a vibrar en su propio Espacio Frecuencial Decreciente o Creciente. Por ello, la importancia de trabajar el cuerpo y la mente frecuentemente, con las herramientas discutidas en los capítulos anteriores.

Sólo teniendo un cuerpo sano, la mente puede funcionar correctamente. Y sólo sosteniendo un intelecto *agudo*, somos capaces de procesar la información más elevada ofrecida por la Corriente Universal Espiritual.

b) AUTO-COMUNICACIÓN: La costumbre de hablar con nosotros mismos –ya sea mentalmente o en voz alta– viene como instrumento innato desde muy temprana edad.

Casi todo el tiempo estamos describiendo lo que experimentamos en nuestro diario vivir; por ejemplo: "Hoy tengo que ir al mercado y luego a recoger a mi hijo" "No debería estar hablando con ella, después de lo que hizo" "No sé qué decir en este momento" "¿Cómo puedo cambiar esta situación?" "Los vecinos parecen angustiados; veré si puedo ayudarlos".

Esta conversación intima se da tan sencilla y mecánicamente, que, frecuentemente, no le prestamos la atención suficiente ni le sacamos todos sus beneficios.

La interacción con otras personas es un elemento esencial para nuestro desarrollo intelectual. Sin embargo, la auto-comunicación no sólo nos mantiene con un buen flujo de energía mental y nos permite examinar conceptos de vida sin presión externa, pero, lo más importante, es que es la *única* manera de entrar en contacto con nuestro Ajustador del Pensamiento.

Y aunque se piensa que ponerse en contacto con el "farolito iluminador de nuestra alma" es solo para seres muy especiales y elegidos, no podemos olvidar que éste es un obsequio celestial para todos los hijos evolutivos o, por lo menos, para aquellos que *deseen*, de todo corazón, aprovecharlo.

El razonamiento "privado" casi siempre se da inconscientemente, pero si creamos condiciones especiales, algún día reconoceremos que el *monólogo* se convierte en *diálogo,* distinguiendo cuándo es nuestra mente la que "habla," y cuándo lo hace la Energía Divina.

Existen dos métodos para desarrollar una auto-comunicación eficiente: *recogimiento* y *escritura.*

- *RECOGIMIENTO* es tener un momento con nosotros mismos, donde logramos relajarnos y concentrarnos plenamente en nuestra existencia. Aunque, tristemente, es un hábito que muchas personas han ido perdiendo en la, acelerada y bulliciosa, marcha de las sociedades presentes.

Los momentos de recogimiento nos ayudan para analizar quiénes somos, qué pensamos o sentimos acerca de todo lo que nos rodea y cuáles son las metas que queremos alcanzar. Fuera de hacernos conscientes de los cambios que vamos logrando durante nuestro desarrollo personal.

Así como la interacción con otras personas es un elemento esencial para nuestro desarrollo social; así mismo, el comulgar, privadamente, con nuestro ser, nos asegura una evolución en nuestra manera de pensar y entender la vida, elevando nuestro espíritu.

Busquemos ambientes cómodos, aireados y tranquilos, que faciliten esa práctica *informal* e *íntima*. Un tiempo a solas, es igualmente importante, que el tiempo con los demás.

- *ESCRITURA* quiero nuevamente nombrar la escritura, pero, esta vez, como herramienta divertida y natural para practicar la auto-comunicación.

Escribir espontáneamente, expresando y organizando nuestras ideas, nos ayuda no solo a conocer nuestro ser profundamente, sino para facilitar el diálogo con nuestro Monitor Divino, de una manera más consciente.

Y no importa si no somos profesionales en el campo. Escribamos por el simple hecho de no reprimir el instinto natural que nos empuja a transmitir en *tinta* nuestras vivencias y sabiduría… escribamos por el simple hecho de lograr ser partícipes de la conversación más sagrada de nuestra existencia.

La auto-comunicación nos permite percibir nuestros pensamientos. Percibir nuestros pensamientos abre puertas para el descubrimiento personal. El descubrimiento personal enciende el "transistor divino" que establece la conexión entre el Creador y nosotros. Y esta "tertulia" eleva nuestro entendimiento y nuestra alma a altos niveles espirituales.

c) FE: creer en algo más grande, más fuerte y más sabio que nosotros mismos, que puede transformar nuestras vidas, en todos los aspectos, abre un canal *directo* con la Corriente Espiritual Universal.

Cuando sentimos, de todo corazón, que una poderosa fuerza creativa fluye como materia prima a través de todo lo que existe, nuestro espíritu se eleva a altas frecuencias, más allá de nuestra percepción básica.

Crear una *intención* de algo que deseamos, y tener fe en que el universo nos ayudará de alguna manera, es el iniciador más potente para manifestarlo. Y como dijo Jesús: "La fe debe venir antes del milagro, no el milagro antes de la fe".

d) RELIGIÓN: Experimentar la Corriente Espiritual de un modo *verdadero* y *efectivo* es algo que se ha ido deformando con el tiempo, pues nos hemos visto envueltos en culturas que poco promueven el autoconocimiento.

La mayoría de religiones siguen manejando costumbres retrógradas que van en contra de lo natural; con filosofías confusas, limitadas y anticuadas que entorpecen el fluir de las ideas progresistas. Razón por la cual, en la actualidad, mucha gente se ha alejado, tanto de las religiones establecidas, como de los hábitos que facilitan el desarrollo de la verdadera religión... que facilitan el ponerse en contacto con la verdadera espiritualidad.

¡No me mal interpreten! Reconozco que las "instituciones religiosas" son parte fundamental de la sociedad y pueden ser uno de los *varios* caminos que ayudan a despertar la espiritualidad. Pero, éstas organizaciones tienen que ser muy bien estructuradas y *progresivamente* manejadas, pues de lo contrario, pueden convertirse en una gran barrera entre nuestra mente y Dios.

La *legítima religión* es la experiencia que debemos vivir *individualmente*, utilizando nuestra capacidad natural para conectarnos con la fuente divina y su mensaje, de una forma directa y sin intermediarios. Incluso, si la religión se practica en grupo, siempre debe respetar el "diálogo interior".

La religión en comunidad es muy importante. Pero nunca olvidando que, la conexión privada con la "sabiduría divina", gracias a nuestro Ajustador del Pensamiento, es un potencial *inigualable* para transformarnos y elevarnos personalmente.

e) ORACIÓN: A través de la historia, el contacto con la "Energía Creadora" se ha buscado particularmente, en cada una de las culturas mundiales. Por medio de alabanzas, plegarias, danzas, cantos y/o ritos, el ser humano trata de construir puentes y sentirse conectado con el resto del cosmos.

Lastimosamente, la oración también ha ido perdiendo su estructura original y, por consiguiente, su efectividad. Pues, generalmente, está cargada de palabras e ideas preestablecidas y poco claras, que pueden entorpecer la relación verdadera, libre y eficaz con la Energía Espiritual.

Para que la acción de *rezar* sea fructífera, debe cumplir principalmente con tres condiciones. Primero, que la persona crea en una *energía superior y dadora de vida*, con la cual desea fervientemente entablar un vínculo directo. Segundo, no se pueden repetir mecánicamente textos memorizados, sin un sentido lógico; más bien, visualizar racionalmente el significado de lo que se dice. Y tercero, la oración debe incluir un espacio *coloquial* interno. Un espacio que permita preguntas y respuestas, con juicios claros y constructivos. Un espacio que abra una comunicación con la "fuente de vida", sin imposiciones. ¡Como estar conversando con nuestro mejor amigo!

Quiero añadir, que la oración *en grupo* puede ser muy poderosa cuando todos los miembros comparten ideales verdaderos e intenciones comunes. Solo imaginemos una reunión donde, con las manos entrelazadas, unos con otros, se alza una plegaria y se juntan energías. Más el fondo de una música bien emotiva, como acompañamiento para las vibraciones sonoras de nuestras "hermosas" voces.

Un efecto que conecta el espíritu de una manera alegre, sencilla y, sobre todo, natural.

f) GRATITUD: El estar agradecidos por nuestra existencia y apreciar todas las cosas positivas, en lugar de centrarnos en las negativas, nos hace *resonar* con la esencia espiritual universal.

Cuando las intenciones de gratitud alimentan nuestros corazones, el universo *siempre* responde con todo lo que está *disponible* en el momento para traer lo mejor de él.

g) VIVIR el AHORA: Estar conscientes de nuestra existencia, segundo a segundo, permite que la corriente universal fluya a través de nosotros en su *plena* capacidad.

El pasado se ha ido, y no se puede cambiar. El futuro será después, y la única manera de moldearlo, es a través de nuestra manifestación *este mismo instante*. La realidad de la vida es justo aquí... justo ahora.

Si decidimos viajar a tiempos pasados, debemos evitar recrear recuerdos malos o traumáticos, porque *sólo* las imágenes mentales positivas son capaces de reconectar nuestra energía con la fuente de la vida. Por otro lado, si queremos pensar en el futuro, tenemos que generar *intenciones constructivas* capaces de hacer realidad nuestros deseos.

Preocuparse por circunstancias desconocidas y fuera de control, aleja nuestra energía de su frecuencia óptima. Por lo tanto, disfrutemos de cada respiración, cada sensación, cada pensamiento, cada emoción, que trae el *poderoso presente*.

h) COMPORTAMIENTO ALTRUISTA: El deseo de dar *amor* y la actitud de hacer *el bien* son unos de los elementos que más nos une con la gran corriente espiritual.

El "servicio" es uno de los requisitos, inevitables, para la evolución de la especie humana. Tarde o temprano en la vida, nos veremos enfrentados a situaciones que requieran una colaboración honesta y desinteresada. En donde tengamos que dejar a un lado nuestros intereses propios y ayudar a otros para que estén mejor.

La emoción percibida cuando vemos los resultados de las acciones humanitarias, aumenta la vibración del espíritu, elevando *el ser* a niveles de plenitud. Además, el reconocimiento de que formamos un gran sistema social, donde todas las piezas trabajan juntas para poner la maquinaria en marcha, activa nuestra esencia de bondad y colaboración. Eso sí, tengamos en cuenta, que la primera obra benéfica, la debemos hacer hacia nuestra propia persona, para luego lograr expandirla. El amarnos, valorarnos y respetarnos sinceramente, nos enseña a amar, valorar y respetar a los demás con honestidad.

Ahora bien, hay que tener cuidado de no ir a confundir la bondad con la sumisión, la cual se da frecuentemente por miedo, necesidad de aprobación y falta de seguridad. Complacer a alguien con algo que va en contra de nuestros principios morales, simplemente por demostrar que somos buenas personas o quizás evitar ser rechazados, crea un malestar general y mata el sentido auténtico de la acción altruista.

¡La *sumisión* total no eleva el alma; más bien, la destruye!

Procurar el bien nos enseña el sentido y propósito eterno de la existencia. Nos hace vivir emociones sublimes y demuestra si nuestra personalidad va *evolucionando* hacia la divinidad o, por el contrario, se va alejando de ella.

i) ACTIVIDADES ESTIMULANTES: Cuando, por diferentes motivos, nos vemos arrastrados a enfrentar aspectos que nos sacan de sintonía, esforcémonos por buscar dinámicas que, de alguna forma, nos *resintonicen.*

Actividades que pongan a palpitar el corazón, brindándonos alegría y libertad de expresión … que nos lleven a sentir como en las nubes, así sea por un rato. Bailar y cantar en un concierto del grupo musical preferido o en una fiesta con las personas queridas. Visitar sitios excitantes, que nos enseñen diferentes culturas y costumbres. Participar de eventos recreativos. Disfrutar de competencias deportivas, donde se permita gritar y saltar con el marcador. Y si se quiere ir más allá de la emoción, tirarse en paracaídas o unirse a una expedición para navegar las aguas de un turbulento río. Eso sí, nunca subestimemos algo tan simple como dejarnos llevar por los juegos alegres y espontáneos de las criaturas "más sintonizadas" que existen: *los niños.*

Disfrutemos la vida abiertamente. Expresemos nuestra individualidad con sinceridad y respeto. Y animemos nuestra materia para que vibre, análogamente, con la fuerza *más fuerte* del universo… la fuerza espiritual.

Para concluir este capítulo, quiero dejar claro que la *espiritualidad* no significa necesariamente poseer la capacidad de ver los llamados "espíritus" o fantasmas, o tener un profundo conocimiento en asuntos místicos. De hecho, la *auténtica espiritualidad* significa descubrir y dejar fluir el poder positivo de la Energía Universal Creativa. Significa conquistar un auto-conocimiento y auto-control, aprender a interactuar con el resto del mundo adecuadamente, ser conscientes de nuestra evolución y, por supuesto, abrazar nuestro destino infinito con gran pasión.

La Energía Espiritual es la que realmente da inicio al *alma*. Ese conjunto de un cuerpo físico que nos contiene, una mente que interpreta y analiza, y un espíritu que nos brinda la posibilidad de vivir nuestra verdadera naturaleza divina. Sin olvidar hacer todo lo que esté en nuestras manos, para que el "humito azul" vibre en su Punto Óptimo y pueda fluir sin restricciones... sin excesos.

"Es decisión individual el seguir, o no, nuestro camino ayudados por la Energía Espiritual; y podemos estar seguros, que contamos con el altísimo respeto del universo y de Dios por cualquiera que sea nuestra elección. Pero, el dejarnos llevar por esta corriente suprema, nos asegura una existencia de bienestar y evolución eterna. Además de cerrar el circuito energético que le brinda a nuestro ser *totalidad, integridad y plenitud"*.

VII
Ecualizando
Nuestras Energías

La base para equilibrar todo nuestro ser no se da solamente cuando cada una de las corrientes esenciales –física, mental o espiritual– recupera su frecuencia original en el Punto Óptimo, sino cuando el flujo de las tres se produce al mismo tiempo o *en línea*.

Usemos como ejemplo, un aparato radial que tiene un "ecualizador".

Un *ecualizador* es un sistema utilizado en dispositivos estereofónicos para lograr la *ecualización,* la cual se produce cuando las frecuencias de diferentes componentes de una señal de sonido se ajustan para obtener un resultado *armónico*. Se utiliza para fortalecer o debilitar la intensidad de los instrumentos y las voces, equilibrar el tono o el timbre, y reducir o eliminar los ruidos no deseados.

En otras palabras, la ecualización se usa para *amplificar* las frecuencias bajas y *atenuar* las frecuencias altas, buscando mejorar la manifestación de un sonido, en relación con el ruido.

Imaginemos el ecualizador del radio de nuestro ejemplo, como un tablero de control frontal, rectangular y con tres bandas horizontales y paralelas entre ellas. La primera banda, regula las señales de tono grave o bajo. La segunda banda, regula los tonos medios. Y la tercera, regula los sonido agudos o altos.

Ahora bien, cada banda tiene un botón ajustable, de lado a lado, para *aumentar* o *debilitar* la frecuencia del sonido. Dependiendo de los resultados sonoros que queremos, los botones se pueden mover gradualmente hacia los lados del punto medio; yendo a la izquierda para la reducción del sonido o yendo a la derecha para la amplificación del sonido. (Ver gráfico No. 15)

Gráfico No. 15

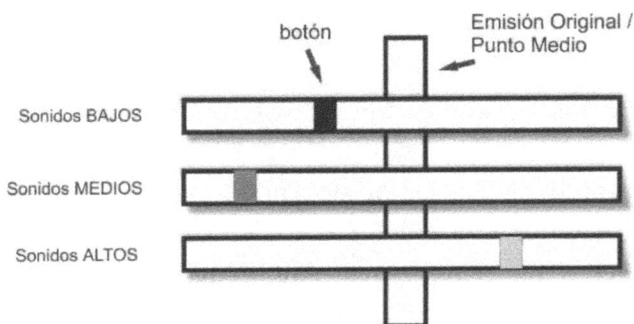

botón

Emisión Original / Punto Medio

Sonidos BAJOS

Sonidos MEDIOS

Sonidos ALTOS

Desalineación y Alineación

Podemos jugar con los tres botoncitos del ecualizador, moviéndolos disparejamente, y obtendremos *ilimitadas* combinaciones sonoras de la misma pieza musical. Conforme a la configuración *desalineada* o *desequilibrada* en que coloquemos el tablero, dejaremos de escuchar algunos de los instrumentos o las voces de los cantantes. O quizás, algunos de los sonidos se acentúan tanto, que opacan al resto, y parecen sonando solos. (Ver gráfico No. 15)

Opuestamente, si ubicamos los tres botones exactamente uno debajo del otro, formando una *línea recta,* en el centro del ecualizador; no sólo cada porción de la música estará en la mejor posición para manifestarse, sino que, estando el tablero *alineado* o *equilibrado,* la tonada sonará completamente nítida. Todos los instrumentos y voces se percibirán en una potencia adecuada, claros y placenteros a nuestros oídos. (Ver gráfico No. 16)

Volviendo a nosotros, como *procesadores biológicos* de frecuencias universales, podemos decir que también tenemos un "ecualizador natural"; el cual permite que cada una de nuestras corrientes energéticas –roja, amarilla y azul– se muevan independientes en su propia banda o Espacio Frecuencial.

Gráfico No. 16

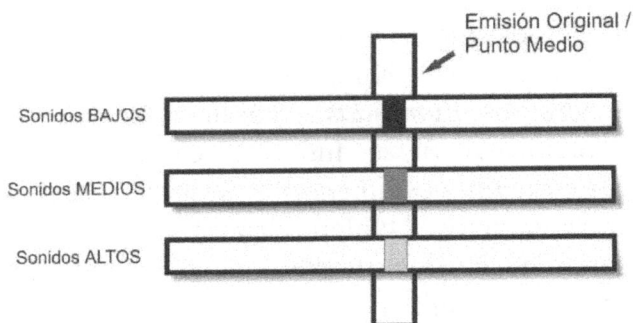

Emisión Original /
Punto Medio

Sonidos BAJOS

Sonidos MEDIOS

Sonidos ALTOS

Así, a medida que cambia la disposición de la frecuencia vibratoria de nuestra "corriente tricolor", igualmente cambian nuestras manifestaciones física, mental y espiritual.

Cuando nuestras tres energías se encuentran en *desalineación, desintonización* o *desequilibrio* (significando que una, dos o las tres corrientes están fuera del punto medio óptimo y vibrando en cualquiera de los Espacios Creciente o Decreciente), nuestro bienestar personal se interrumpe, en algún aspecto. (Ver gráfico No. 17)

Capítulos anteriores describen las condiciones que enfrentamos cuando cada una de nuestras energías están fuera de sintonía.

Gráfico No. 17

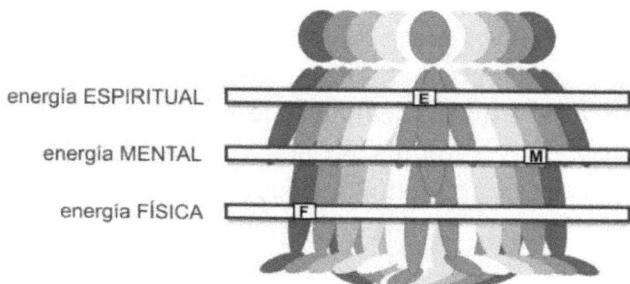

energía ESPIRITUAL

energía MENTAL

energía FÍSICA

Cuanto más *frecuente* se *altera* nuestra energía, más se deteriora nuestra salud física, mental, emocional y espiritual. Y aunque es imposible negar que la naturaleza humana es *variable* y *móvil,* nunca debe caer en "inestable". Tener altibajos mientras enfrentamos situaciones difíciles, es muy diferente, a que seamos prisioneros de cambios continuos y bruscos en nuestro estado de ánimo y comportamiento.

Dependiendo de los hábitos diarios que manejemos, se puede dar que, al menos una de las corrientes primarias esté en sintonía, pero el resto permanecen en negativo. Ésto genera éxito en algunos aspectos de la vida, pero fracaso en otros. Por ejemplo, podemos tener un cuerpo sano, pero estar emocionalmente desequilibrados; o ser excelentes en el trabajo, mientras que nuestro cuerpo permanece enfermo y nuestro espíritu vacío; o, tal vez, presentamos una identidad espiritual recta, pero nos es difícil tener un buen desempeño profesional y social.

La parte más crítica es cuando las tres corrientes vibran, *simultáneamente*, en cualquiera de los campos fuera de sintonía, arrastrándonos a sufrir de Depresión crónica o Estrés crónico. Si este desequilibrio se mantiene por un tiempo muy prolongado, ninguna de nuestras facetas de vida trabaja correctamente, y puede llevarnos a límites de desesperación, colapso e incluso autodestrucción. (Véase el gráfico No. 18)

Gráfico No. 18

DEPRESIÓN   ESTRÉS

El otro lado de la "moneda", se da cuando nuestras energías se encuentran en *alineación, sintonización* o *equilibrio*, significando que las tres corrientes están simultáneamente vibrando en su Frecuencia Óptima y en línea. Esto asegura un caudal vivaz y fluido de toda la materia prima, que el universo nos ofrece como esencial para vivir con bienestar. Nuestra vida personal, profesional, emocional y espiritual se desarrolla estable y equilibrada. (Ver gráfico No. 19)

Gráfico No. 19

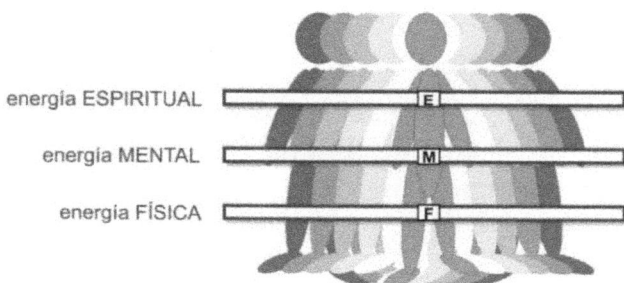

energía ESPIRITUAL

energía MENTAL

energía FÍSICA

Ecualización o Reprogramación

En el momento que queremos escuchar una emisora diferente en la radio, movemos el sintonizador hacia otra frecuencia radial que nos llame la atención. Incluso, ubicamos el ecualizador y el volumen en la posición exacta donde el sonido se escuche "limpio". Mejor dicho, *programamos* el aparato de una forma personal –a nuestro gusto– para que siempre que lo encendamos, esté sintonizado con la estación que más nos gusta, y, además, tenga las condiciones de sonido correctas.

Reprogramar nuestro ser quiere decir, no sólo recuperar las frecuencias originales de cada una de las tres corrientes esenciales, pero, principalmente, *mantenerlas,* la mayoría del tiempo, en ese rango frecuencial.

Para que la "reprogramación" sea efectiva, se deben tener en cuenta varios aspectos:

- *Identificar Nuestras Energías:* Prestar atención a cuáles de nuestras energías están en sintonía y cuáles no. Cuáles de ellas necesitan más atención, para recuperar su balance.

- *Escoger Herramientas Apropiadas:* Debemos buscar y explorar las actividades que más nos convengan (nombradas en los capítulos anteriores) para estimular nuestro cuerpo, nuestra mente y nuestro espíritu *individualmente.* Que sean prácticas y naturales, y, sobre todo, que nos brinden placer.

- *Crear Hábitos Sanos:* Las actividades seleccionadas se deben repetir de manera *consciente* y *consistente.* De diez a quince minutos por día es un tiempo ideal para hacer las acciones "imprescindibles" como el ejercicio, Radio-Meditación y auto-comunicación. Si hacerlos diariamente se vuelve difícil, podemos intentarlo al menos tres o cuatro veces por semana, en períodos de veinticinco minutos, a una hora.

Además, podemos utilizar esporádicamente muchas otras de las herramientas disponibles. Yo las llamo "actividades auxiliares" porque, como complemento de las actividades principales, se pueden practicar en cualquier momento que tengamos la oportunidad. Por ejemplo, tocar un instrumento, pintar o bailar, cada dos semanas o una vez al mes.

- *Buscar el Balance:* El estímulo producido para cada corriente, no debe ser ni muy poco ni excesivo; más bien, sostenernos en un término medio, que nos asegure frecuencias análogas a los circuitos universales. El "termómetro" que indica si estamos en el grado adecuado de estimulación, es la sensación *positiva* experimentada en el momento de estar trabajando cada "río" energético, y la satisfacción que mantengamos el resto del día. Pues cualquier sentimiento *negativo*, demostrará que nos hemos salido del límite correcto.

- *Dejar Fluir la Energía Universal:* Debemos estar abiertos a la transformación que nuestra personalidad seguramente va a tener y los cambios que también se pueden generar en las personas que nos rodean, cuando conquistamos nuestra esencia original. No dejemos de aprovechar cada oportunidad de crecimiento personal obsequiada por el universo.

Recordemos que, para conseguir una *sintonización natural física*, no importa si decidimos bailar, nadar, hacer algún deporte o tener una amena caminata por el parque. Lo fundamental es despertar cada rincón de nuestro cuerpo a través del movimiento y una respiración apropiada. Complementado con baños de sol, moderados; una alimentación equilibrada y lo más saludable posible; además, buscar ambientes naturales, aireados y limpios.

Para conseguir una *sintonización natural mental*, realizar sesiones de meditación, que nos concedan la facultad de reemplazar los pensamientos negativos por positivos, y convertir en hábito el percibir la vida de una manera entusiasta y optimista. Si se desea, reforzar con disciplinas lógicas o matemáticas.

Y como toque final, para una *sintonización natural espiritual*, tener momentos de recogimiento y silencio, donde logremos orar o entablar una conversación amena con nuestra "voz interior". Soportado con cualquier dinámica que nos llene de placer y libertad de expresión.

Adoptar rutinas correctas, derrumba las costumbres erróneas que fuerzan nuestras energías a vibrar en frecuencias bajas. Y "ecualizar" nuestro ser, es el modo más eficiente para *reproducir* las positivas y maravillosas frecuencias del espectro universal.

Reprogramar o ecualizar nuestra energía diariamente -utilizando la gran variedad de herramientas naturales disponibles- es la *única manera* de reproducir las positivas y maravillosas frecuencias del espectro universal.

Mientras nuestras energías físicas, mentales y espirituales están en *sintonía y alineación*, tendremos la capacidad de enfrentar cualquier circunstancia que la vida traiga. Y todas las cualidades universales originales de salud, creatividad, valentía, determinación, solidaridad, amor, felicidad y bienestar general fluirán y se manifestarán a través de nosotros, *sin esfuerzo*.

"Somos una alianza multifuncional. Un aparato físico, que nos permite experimentar el tiempo y el espacio. Un sistema mental, que procesa la información cósmica y nos ayuda a entender y sentir nuestra existencia. Y un orden espiritual, que nos anima a seguir un camino hacia la fuerza central-creadora. Sin olvidar que la única responsabilidad, desde el día de nuestro nacimiento, es conservar el 'trío energético' en perfecta sincronización; para que el enlace con lo verdadero se sostenga, y evitemos vivir con distorsiones, ilusiones, espejismos y falsedades".

VIII
Recuperando
Nuestra Esencia

En la actualidad vivimos sumergidos en culturas cargadas de condiciones muy distantes a las que realmente debería estar expuesto el ser humano. Estructuras donde los *niños* son forzados a cambiar su instinto natural y a adoptar identidades que se acomoden a sistemas sociales deficientes; donde se ven alejados de sus pensamientos y sentimientos innatos; donde no logran interactuar apropiadamente con los demás; donde se alejan de la "madre naturaleza" y pierden el conocimiento correcto de la utilización de ella. Sin olvidar, que la comunicación interna con la Energía Creadora se les pierde casi por completo.

Cuando los niños no logran desarrollarse normal o naturalmente, generan como consecuencia un futuro también distorsionado. Por ello no es de sorprenderse que sigamos enfrentando hechos incomprensibles en nuestro mundo. Injusticias poco dignas de nuestra especie. Miles de transformaciones genéticas y enfermedades, que no deberían ser parte de nuestra condición. Además, circunstancias que degradan la dignidad humana, y frecuentemente pueden llevarnos a preguntar cómo un ser poderoso y superior como "Dios" permite que todo esto suceda.

Sin embargo, si prestamos buena atención, percibiremos que la condición natural y armónica con que nacemos, siempre está *latente* en nuestro interior. Que, de alguna manera, sigue existiendo un vínculo con las fuerzas que conservan nuestro patrimonio original. Y aunque sea difícil entender totalmente cómo funcionan, debemos estar seguros que estas corrientes energéticas *omnipotentes* están disponibles en nuestro crecimiento y desarrollo; o, por lo menos, están vigentes para los que quieran retomarlas.

Nosotros, los seres humanos, tenemos el mismo valor de cada uno de los elementos que conforman el universo. Pero hay algo que nos hace muy especiales; que nos brinda la independencia de decidir y escoger quién queremos ser, qué deseamos experimentar y cómo lo podemos lograr: *El Libre Albedrío.*

Es nuestra *voluntad* cambiar o quedarnos estancados en una vida tormentosa. Es decisión propia ser sinceros con nosotros mismos o sumirnos en sentimientos negativos que destruyen la verdadera razón de la existencia. Es nuestra elección aventurarnos a luchar por convertir en realidad los sueños o, más bien, continuar con miedo a afrontar algún tipo de fracaso. Y es opción, libre y exclusiva, el escuchar esa "voz interna", que tiene la sabiduría de mostrarnos el camino correcto hacia la plenitud, o seguir con comportamientos adquiridos que impiden captar con claridad los mensajes que ella nos transmite.

La *felicidad* es una determinación personal y no está en manos de los demás el dárnosla. Tan pronto como nos ponemos en contacto con nuestra naturaleza fundamental, nos damos cuenta de que nadie nos puede dar valor, porque ya es un "sello" distintivo de nuestras almas. Nadie nos trae la pasión por vivir, porque ya forma parte de nuestro instinto. Nadie puede validar nuestros pensamientos, porque de por sí son sagrados e incomparables. Además, no podemos dudar que alcanzaremos nuestros ideales, pues la fuerza para hacerlo, viene implantada en cada uno de nuestros genes.

El universo es fuente *solamente* de un espectro *positivo* completo, mientras que el negativo es *un efecto* creado tan pronto se bloquea la corriente de energía positiva. Del mismo modo, que un interruptor enciende una bombilla, pero en el momento en que el interruptor se apaga, la luz desaparece, dejándole espacio a la oscuridad. Si la Energía Universal fluye dentro de nosotros sin restricciones, no necesitaremos el amor de otra persona para reforzar nuestra autoestima. No necesitaremos un motivo para admirar una flor, dejarnos embrujar por una noche de luna llena, vibrar con una alegre melodía que incite a mover nuestro cuerpo o, tal vez, entonar en voz alta una canción, que llegue al corazón, aunque se nos escuche como un disco tocado por un viejo fonógrafo.

Y si logramos definir que nuestra alegría no es tarea de nadie, debemos aceptar que nuestra *tristeza* tampoco es responsabilidad de otros. Pues cuando aparecen situaciones difíciles o personas negativas que obstaculizan nuestra experiencia, somos nosotros solos los responsables de dejar aporrear el espíritu; de protegernos bajo el ala de los pensamientos y actuaciones de alguien más; de buscar alrededor a quién o a qué echarle la culpa de nuestra *supuesta* "incapacidad" para tomar las riendas de nuestro real destino.

El *deseo sincero* es la base de cualquier cambio y una de las herramientas más poderosas que poseemos para lograr evolucionar. Decidir qué personalidad queremos ir moldeando y cómo enfrentar la vida, a través de los años, es un privilegio que se nos otorga al nacer; pero, este "salvoconducto" es *intransferible* y la resolución de usarlo es totalmente autónoma.

Es difícil pensar que un fenómeno tan común y sencillo como el *funcionamiento de un radio*, sea nuestro verdadero engranaje de existencia. Que estamos formados por millones de partículas mínimas, vibrando constantemente en un espacio independiente de frecuencia. Que actuamos como bio-antenas, expuestas al grupo de tres fuentes creadoras cósmicas. Que somos premiados con la habilidad de sintonizar las fuentes directamente, a través de un deseo honesto; y *como efecto*, ser capaces de triunfar en la aventura de la supervivencia. O, por el contrario, desintonizarnos de ellas, también a través de nuestro deseo consciente; y *como efecto*, perder toda la ayuda universal que asegura nuestro viaje.

Somos la tecnología más sofisticada de nuestro planeta. Con la alternativa de aminorar nuestro ser, a medida que nos desprendemos de la Energía Universal; o de fortalecer nuestro ser, a medida que nos unimos a ella. Si nos negamos a resonar con el universo, nos enfrentamos a efectos negativos, *no como castigo*, sino como una ley física de causa y efecto. En cambio, si elegimos resonar con el universo, nos enfrentamos a efectos positivos, *no necesariamente como recompensa*, sino definitivamente como nuestra realidad.

"El universo es más poderoso de lo que jamás nos imaginamos. Un sistema inmenso que nos ofrece un lugar especial para existir como elementos indispensables en todo este engranaje, y que nos nutre con sus energías y estímulos para que sobrevivamos el camino hacia Dios. No obstante, es opción de cada uno usar las capacidades innatas que poseemos y aquellas herramientas naturales que nos permiten recuperar nuestro verdadero destino… nuestra verdadera esencia".

Recuerda,
Querido Lector

Si hoy, tú, quieres ser consciente de tu propia resonancia. Mantenerte conectado con los magníficos ritmos de la orquesta cósmica. Escribir la letra de la canción de tu vida. Y experimentar, de primera mano, la luz reparadora irradiada por Dios, solo tienes que…

sintonizar tu cuerpo...
sintonizar tu mente...
sintonizar tu espíritu…
sintonizar tu alma…

¡El resto está en manos del universo!

Tu Opinión es
Muy Importante

Si este libro fue de tu agrado, y ojalá un camino para crecer personalmente, anímate a compartir tu opinión… opinión supremamente valiosa, pues puede ayudar a muchísimas otras personas.

Escribe tu *comentario constructivo* para cualquiera de los libros de la autora, Patricia Gaviria, en la página de "Amazon":

www.amazon.com/author/patriciagaviria

¡Mil gracias por tu apoyo!

Acerca de la Autora
Patricia Gaviria

୧ ୧ ୧ ୧ ୧ ୧

* Autora, Practicante & Maestra de Bienestar Holístico

*Autora Galardonada / Sus libros en español, inglés y portugués, se mantienen en la lista de los más vendidos en Amazon.

*Fundadora de la práctica "Moviendo Energías" que ofrece sus libros, charlas, talleres, clases, consultas y otros programas.

*Creadora y Practicante de programas como Radio-Meditación, Sintonización Natural, Símbolo del Alma y Cartas de Sabiduría.

*Acreditada por increíbles experiencias de vida, ella comparte un nuevo y transformador mensaje de como vencer, naturalmente, los estados depresivos.

*Emisaria del postulado "Efecto Radio-Antena".

*Galardonada con el Premio Internacional del Libro Latino 2015, en los Estados Unidos.

*Privilegiada de estar en contacto con las enseñanzas de "El Libro de Urantia" desde el año1998.

*Sus Otras Obras en Español:

-Volver a Ser Feliz... Venciendo la Depresión con el Cuerpo, la Mente y el Espíritu
-Recuperando mi Cuerpo, mi Mente y mi Espíritu
-Lo Último en Tecnología Divina: Los Ajustadores de Pensamiento

*En Inglés:

-Returning to Happiness... Overcoming Depression with Body, Mind, and Spirit
-Latest in Divine Technology: Thought Adjusters
-Recovering my Body, my Mind, and my Spirit
-Tuning Our Physical, Mental, and Spiritual Energies Naturally: Bio-Antenna Effect

*En Portugués:

-Voltar a Ser Feliz... Vencendo a Depressão com o Corpo, a Mente e o Espírito

www.amazon.com/author/patriciagaviria
www.gaviriapatricia.blogspot.com

Apéndice

∽∽∽∽∽

"Radio - Meditación"
por Patricia Gaviria

Ya hace mucho tiempo, creé la práctica de Radio-Meditación para ayudarme a salir del "agujero oscuro de la Depresión", en el que estuve atrapada durante más de veinticinco años. Y afortunadamente, hoy en día, sigue siendo el hábito diario más importante que tengo para mi estabilidad física, mental, emocional y espiritual.

La estructura de la Radio-Meditación se basa en mi "Postulado de Efecto Radio-Antena". La idea general de este postulado es que, los seres humanos somos antenas de radio conectadas al universo, pero dependemos del Libre Albedrío para ponernos en sintonía o fuera de sintonía con la fuente de vida.

Si estamos en conexión, somos capaces de descargar la información necesaria que asegura nuestra supervivencia en el mundo material y una vida significativa y equilibrada. Si nos salimos de esa conexión, perdemos la información básica y nos enfrentamos a consecuencias fuera de lo natural.

Cada vez que concebimos un pensamiento, nuestro cerebro vibra y emite una onda de energía con una frecuencia particular, la cual se acopla a una frecuencia universal análoga. Como consecuencia, el universo genera una respuesta, un efecto energético que se transmite de vuelta a nosotros, para ser reproducido por "nuestro radio". Así, si pensamos positivo, el efecto también será positivo; si pensamos negativo, perdemos el vínculo con la fuente, y el efecto será negativo.

Con el propósito de recibir melodías reales, preparadas para cada uno de nosotros por La Energía Creativa, nuestra mente debe producir y enviar vibraciones positivas *repetida* y *rítmicamente*. ¡Y La Radio-Meditación es quizás la forma más efectiva de hacer precisamente eso!

Estimado lector, para practicar Radio-Meditación lo mejor es estar en sitios tranquilos y naturales como playas, jardines o parques. Sin embargo, reservar un espacio privado en casa puede ser muy conveniente, dejando saber a los demás que es tu "rincón íntimo" y que no deben interrumpirte mientras estás allí. Recuerda que el lugar elegido tiene que dar la posibilidad de sentarte o acostarte, cómodamente, en una alfombra, cojín, silla o cama. También, lo puedes decorar con elementos que vibren con tu naturaleza, como cojines de colores, velas, inciensos, y otros artículos, que te hagan sentir a gusto.

La dinámica de Radio-Meditación es fácil de hacer, por lo que no se requiere experiencia previa o habilidades especiales, aunque dos aspectos principales son necesarios para conseguir resultados productivos. Primero, tu voluntad de estar en sintonía con las fuerzas supremas. Y segundo, tu confianza en que el universo siempre responde.

Te ofrezco dos formas de practicar la Radio-Meditación:

1) Si te gusta ser dirigida(o), tengo un video en "YouTube" que puedes seguir. Dirígete a www.youtube.com/user/moviendoenergias/radio -meditación. Si lo disfrutas, por favor, hazme un "like".

2) Si prefieres hacerlo tú sola(o), sigue las instrucciones a continuación. Es una buena idea grabar los pasos previamente, con tu voz, en el celular o cámara de video, pues sería tu guía para

prácticas futuras. Puedes complementarlo con sonidos naturales o música de meditación, también disponibles en "YouTube".

Acomódate confortablemente. Cuando tengas todo listo, puedes comenzar:

Cierra los ojos. Respira, suave y profundamente, varias veces. Consciente de tu lugar dentro del entorno, trata de escuchar cada sonido alrededor. Siéntete parte de esos sonidos; vibra con ellos. Tómate el tiempo que necesites para relajar tu cuerpo y enfocar tu mente.

¡Inhala profundamente por la nariz… Exhala lentamente por la boca!

Dirige tu atención, muy lejos, hacia el centro del universo. Siéntete parte de esa luz brillante o Energía Creadora que da vida a todo el cosmos, incluyéndote a ti. Trae esa luz de vuelta para llenar todo tu espacio circundante.

Ahora, imagina una ventana en la parte superior de tu cabeza. ¡Ábrela! Lentamente permite que la energía universal fluya y active cada parte de tu cuerpo: cabeza, cuello, hombros, corazón, pulmones, vientre, zona reproductiva, piernas, pies, brazos, manos, espalda y columna vertebral. Visualiza tu cuerpo como una "antorcha" con su fuego brillando y expandiéndose libremente. Siente la vibración.

¡Inhala profundamente por la nariz… Exhala lentamente por la boca!

Prestando atención al significado de cada palabra, repite, pausadamente y en voz alta, el siguiente texto:

"Soy energía pura, vibrando en resonancia con la fuente de la Creación. Actúo como una antena biológica, y, a través de mi libre albedrío, me pongo en sintonía con todo el espectro de frecuencias positivas que el universo emite permanentemente. Hoy, quiero que mi cuerpo, mi mente, mi corazón y mi espíritu se iluminen.

¡Mi cuerpo se ilumina! Los huesos, tejidos, músculos, glándulas y órganos obtienen la información correcta para funcionar. Todos trabajan en ritmo y coordinación. El oxígeno activa cada célula de mi maquinaria física, trayendo energía y vitalidad.
Hay salud, equilibrio, belleza y bienestar.

¡Mi mente se ilumina! Entiendo quién soy, de dónde vengo y hacia dónde voy. Puedo escuchar la voz interna que guía mis pasos. Obtengo sabiduría en la forma de pensar, hablar y actuar. Desarrollo autoconocimiento y autoconfianza.
Hay claridad, creatividad, despertar y verdad.

¡Mi corazón se ilumina! Experimento el placer de mi verdadera naturaleza. Recibo amor

continuamente. La felicidad y el humor son parte de mi identidad. Exhibo bondad y respeto por los demás. Perdono a los que, en algún momento, me han hecho daño.

Hay paz, honestidad, optimismo y gratitud.

¡Mi espíritu se ilumina! Aumento mi conciencia. El universo me da valor para enfrentar cualquier obstáculo con calma, tranquilidad e integridad. Tengo confianza mientras recorro el camino de mi evolución. Soy el artesano de mi presente... de mi futuro.

Hay fuerza, determinación, fe y pasión.

¡Mi vida se ilumina! Sigo creciendo como un ser universal y eterno. Disfruto de la prosperidad y la abundancia. Vivo libremente a través de mi conexión con las energías primarias. Encuentro sentido y buena intención en todo lo que hago. Disfruto de mi existencia, momento a momento.

Hay logro, evolución, realización y superación.

Nací en la Energía Creadora y, así mismo, terminaré en ella. Doy gracias a Dios por el privilegio de fluir en el hermoso río, que, con su corriente, me lleva en un viaje excitante hacia mi destino divino e infinito".

¡Inhala profundamente, por la nariz... Exhala lentamente, por la boca!

Para finalizar, tómate el tiempo para nuevamente ser consciente del medio que te rodea. Sé parte de cada sonido o sensación que envuelve tu ser. ¡Poco a poco, abre tus ojos, y vuelve a tu estado normal!

La Radio-Meditación eleva las vibraciones bajas a niveles más altos. Cambia los pensamientos negativos, por aquellos que traen emociones positivas. Cambia malos recuerdos del pasado, por momentos presentes agradables. Convierte expectativas futuras confusas en proyecciones claras. Y ofrece la mejor forma para experimentar la naturaleza genuina de la existencia.

Practícala, cada vez que puedas, y veras los resultados. ¡Buena Suerte!

Quiero agradecer a todas las personas que me han apoyado durante mi viaje para promover un desarrollo integral (físico, mental y espiritual) de la sociedad. Especialmente a aquellos que de alguna manera colaboraron en hacer realidad esta publicación.

Moviendo Energías

*"La evolución real de una sociedad empieza
con el equilibrio físico, mental y espiritual
de cada uno de sus integrantes"*
-Patricia Gaviria